Komputer avlodlari va ularning klassifikatsiyasini keng qamrovda yoritish

Erkinova Odinaxon Kozimjonovna

© Erkinova Odinaxon Kozimjonovna
Komputer avlodlari va ularning klassifikatsiyasini keng qamrovda yoritish
by: Erkinova Odinaxon Kozimjonovna
Edition: May '2024
Publisher:
Taemeer Publications LLC (Michigan, USA / Hyderabad, India)

ISBN 978-93-5872-244-4

© **Erkinova Odinaxon Kozimjonovna**

Book	:	Komputer avlodlari va ularning klassifikatsiyasini keng qamrovda yoritish
Author	:	Erkinova Odinaxon Kozimjonovna
Publisher	:	Taemeer Publications
Year	:	'2024
Pages	:	78
Title Design	:	*Taemeer Web Design*

MUNDARIJA

ASOSIY SHARTLI BELGILAR VA QISQARTMALAR

KIRISH_____

1. Kompyuter avlodlari va ularning klassifikasiyasi_____
2. Mikroprotsessor tarixi va uning turlari_____
3. Mikroprotsessorning tuzilishi_____
4. Arifmetik mantiqiy qurilma_____
5. Registrlar_____

KIRISH

Hozirgi kunda informatika yo'nalishdagi fanlar qisqa fursatda dunyoga kelib va tez fursatda yuqori daraja rivojlanib kelmoqda. Bu rivojlanish bilan bir qatorda boshqa soxalarga kirib borib shu soxalarning rivojlanishiga katta hisa qo'shmoqda.Shu bilan bir qatorda bir necha soxalarga ajralmoqda, Hozirg kunda har ku ni yangida yangidan yangi kompiyutr qurilmalari kompiyutr dasturlari texnalogiyalari ishlab chiarilmoqda.Hozirgi kun talablaridan biri zamonaviy bilimlardan boxabar bo'lishi, ularning imkoniyatlaridan qulayliklaridan to'liq va umumli foydalanish uchun yetarli bilim va ko'nikmalarga ega bo'lishdir.

Ushbu monografiyada kelgusida yetishib chiqayotgan bo'lajak pedagoglarga kerakli bilim va ko'nikmalarni o'z ichiga oladi.

Kompiyutr texnalogiyalari va ularning rivojlanish tarixi EHM avlodlari va ularning kompiyutr dizaynlari va ishlash prinsiplari kompiyutr tili tushunchasi kompiyutrning asosiy va qo'shimcha qurilmalari va ularning xarakteristikalari,kanali va shinali sistemotexnika mikroprotsessor va kompiyutr xotirasi uzilishlar tizimi registrlar va xotiraga murojaat etish modeli prosessorning ishlashi shaxsiy kompiyuterning qo'shimcha tashi qurilmalarini boshqarish tamoyillari, tezkor va doimiy xotiralarning doimiy va uzluksiz ishlatish asoslari. Mikroprotsesorlar zamonaviy kompiyuterlarning mikroelektron sifatida qo'lanilishi mikroprotsesorlarning ishlashi hamda faoliyat ko'rsatishi, kopiyutrdagi ma'lumotlarni kiritish-chiqarish tizimi.

Ushbu monografiyaning vazifasi:

- kompiyutr texnikasi ning arxikerturaviy tushchasi ishash prinsipilari, asosiy va qo'shimcha texnik vositalar bilan tanishish.

- mikroprotsesorlarning turlari vazifalari imkoniyatlaridan fiydalanish va o'zlashtirish.

- sistemali dasturlash va uning asosiy vazifalari, kompyuter resurslari, operasion sistemalar, operasion sistemalarning rivojlanishi va asosiy funksiyalari, operasion sistema tarkibi: ichki(o`rnatilgan) va tashqi(utilit–dasturlar), operasion sistema buyruqlari, tarmoq operasion sistemalari, zamonaviy operasion sistemalar

- amaliy dasturiy ta'minot, matnlar, grafik va tovushli axborotlar bilan ishlash sistemalari, zamonaviy ma'lumotlar bazasini boshqarish sistemalari, jadval prosessorlar, integrallashgan dasturiy vositalarni ishlatish asoslarini bilish.
Ushbu monografiya kompyuter mutaxassisi bo'lganlarga

kompyuterning asosiy tamoyillarini o'rganishiga yordam berish uchun mo'jallangan.

KOMPIYUTER AVLODLARI VA UNING AXITEKTURASI, ISHLASH PRINSIPI

Rivojlanib kelayotgan zamoda yangi texnologiyalarning tarixiga bir nazar solamiz. Tarixga nazar solganimizda kompiyutrlarning evolutsiyasi to'rt bosqichga bo'linadi.

1- bosqich. Bu bosqichda elektron moshinalarda qovurli elementlar bazasidan foydalanilgan.Rivojlangan kompiyutrlar XX asrning 40-yillarida paydo bo'la boshlagan. Birinchi bo'lib Edion tomonidan 1883- yilda vakumdagi tok o'tkazish mumkinligini kashf qilganligiga qarmasdan. Biroz vaqt o'tgandan so'ng yani 1904- yilda Feleming birinchi diodli elektron lampani yaratadi. Oradan yana biroz mudat o'tgandan so'ng Li de Forrest vakumniy tiriodni o'ylab topgan, yana gaz to'latilgan elektron lampa- triatron kashf etildi. Radiotexnikada 30- yillargacha electron vakumli va gaz to'atilgan lampalardan foydalanilgan.

Elektr impulsli tiratron schetchikni 1931- yilda Vinni-Vilyams (fizik eksperimentlari uchun) ishlab chiqdi va elektron lampalarga yangi yo'nalishlar ochib berdi. Bu kashfiyot EXMda elektron lampalar ishlatilishi juda katta muamolar keltirib chiqaradi.

2- boshqich yani 2 avlod mashinalari.1948-yilning 1-iyulida "Nyu- York Tayms gazetasda "bell telefon laboratoriz firmasi elekron lampa o'rnini bosa oladigan elektron qurilma ishlab chiqarganini elon qiladi. Fizik-teoretik Djon Bardin va mazkur firmaning eksperimentatori Uolter Braytten birinchi tranzistor yaratishdi. Tranzistorga asoslangan birinchi kompyuterlar 50-yillarning oxirlarida paydo bo`ldi. 60-

yillarda tashqi tomondan ancha kichikrok kompyuterlar paydo bo'ldi. Digital Equipment firmasi 1965 yilda birinchi xolodilnikka teng keladigan kiymati atigi 20000 $ ni tashkil kiladigan mini-kompyuter PDP-8 yaratdi. Tranzistorning eng qulay jixati shunda ediki 1 tarnzistor 40 ta elektron lampalar urnini bosa olardi. Kompyuterdagi eng katta yangilik tezligining bir sekundga million operatsiya bajara olishi bo'ldi. Tranzistorli kompyuterlar oilasiga "Stretch" (Angliya), "Atlas" (SShA). Usha davrdagi "BESM-6" (SSSR) shunga o'xshagan bir qator mashinalar ishlab chiqilgan.

Rivojlangan paytda 3-bosqich yani ancha vivojlangan mashinalar Tranzistorlar o'ziga yarasha ikkinchi avlod kompyuterlarini keltirgan bo'lsa uchinchi avlod kompyuterlari yaratilishiga sabab integral sxemalar bo'ldi. Integral sxema (uni yana kristall-deb xam atashadi), usti kremni kristalidan iborat bulib 10 mm 2 xajmga ega edi. Birinchi integral sxemalar

(IS) 1964 yil paydo bo'ldi. Ular boshida faqat kosmik va harbiy soxada ishlatildi. Xozir esa ularni xar qayerda uchratish mumkin (avtomobil, Kir yuvish moshinasi va x.k.). Kompyuterlarga keladigan bo'lsak IS siz ularni tasavvur etib bulmaydi! Bitta IS 1000 tranzistorning urnini bosa olardi. Shu tariqa zamon riojlangan sari kompiyuterlar ham rivojlanib kelyabdi. Ularning fumksiyalari ham kengayib kelmoqda.

Zamon rivojlandi elektron moshinalar ham rivojlandi.Shu tariqa 4-avlod moshinalari dunyga keldi. Katta integral sxemalar, kristalda birnecha IS lar urnatish mumkinligini isbotlanganligi bilan boshlangan. Mikroelektronikaning usishi bitta kristallda minglab integral sxemalar joylashga imkon berdi. 1980 yilga kelib, uncha katta bulmagan kompyuterning markaziy protsessorini 1,61 sm2ga urnatish mumkin ekanligini ishlab chikishdi. Mikrokompyuterlar davri boshlandi. Zamonaviy mikro EXMning tezligi qanday? U 10 baravar uchinchi avlod kompyuterlaridan. 10 baravar tezroq ishlaydi. Shu tariqa hamma davrning o'ziga yarasha evolutsion jarayoni bo'ladi. Kompiyutr evolutsiyasi ham shu tariqa rivojlanib kelgan. Hozirgi kunda axborot asri xisoblanib kompyuterlar nafaqat ilmiy –texnik, hisob kitoblarda, balki sanoatning barcha sohalarda, va shular bilan bir qatorda shaxsiy kompiyuterlar ham keng tarqalmoqda. Shu rivojlanish natijasida kompyuterning yangi avlodlari yaratilmoqda. Yangi avlodning yaratilishiga sabab kompyutr foydalanuvchilarning kompyutlarga bo'lgan talablari murakab va keng ko'lamli bo'lishi hozirgi davr talabi hisoblanmoqda. Bu avlod moshinalari ultra yuqori tezlikda ishlaydigan mikrokompyutrlar ofis kompyutrlar va matn matn protsesorlarning yuquri va keng ko'lamli modellari ishlab chiqilgandan keyin ulardan foydalanish doirasi yanada kengayadi. Yaqin kelajakda kompyutrlarga bo'lgan talablar fan va texnika sohalarida nafaqat sonli hisoblash imkoniyatlarini shu bilan birgalikda hujatlarni qayta ishlash tarjima qilish va boshqalar. Shuningdek murakkab taqsimlangan ishlov berish va tarmoqlardan foydalanadigan ko'p tizimlar imkoniyatlarini oshirishni ham o'z ichiga oladi. Ularga tizimlar orasidagi katta hajmdagi ma'lumotlarni uzatish imkoniyati va katta hajmdagi ma'lumotlarni markazlashtirilgan holda boshqarish imkoniyati shakillantiriladi.Yuqorida ko'rsatilgan talablarni qondirish uchun asosiy funktsiya sifatida to'rtta arfimetik amalga asoslangan hozirgi kunda dizayn falsafasi o'z qobiyatida yetarli emasligi sababli to'rtta arfimetik amalga asoslangan hozirgi dizayn konsepsiyasi aniq. Qobilyati kamligi sababli asosiy funktsiya sifatida bilimdon holda oqilona fikrlashga asoslangan bilimlar yetarli emas. Bu axborotni qayta ishlash uchun dizayn konsepsiyasiga asoslanishi kerak. Shuning uchun yaratish oson bo'lgan yangi dasturiy taminot tizimini, shu birgalikda yangi dizayn kontsepsiyalari asosida kuchli xisoblash quvvatiga ega apparat vositalarini ishlab chiqish talab qilinadi.shuningdek axorot fani va texnologiyalari, jumladan kompyuterlar va tarmoqlar XXI asrda ijtimoiy tizimlardan tortib idividual hayot va ilm- fan holatigacha bo'lgan barcha nasalarga kata tas'sir ko'rsatadigan muhim sohadir. Hr bir axborot fani va texnologiyalari turli sohalardagi faoliyatda keng tarqalgan zarur bo'lgan fundamental texnologiya jihatiga ega va bu sohalarva ekidagi faoliyatni rag'batlantirish nuqtai nazaridan axborot fani va texnologiyalari sohasidagi tatqiqotlar juda muhim va zarurdir . Kelasi yillarda kompyuter texnikasining jadal rivojlanishi natijasida ilg'or hisoblash fanlari va texnikasi ilgari nazariy yoki eksperimental yondashuvlar yordamida yechish qiyin bo'lgan murakb masalalarni yechishning samarali usullari sifatida e'tiborni tortmoqda.

Kompiyuter arxitekturasi va ishlash prinsiplari IBM PC shaxsiy kompiyuterlar quyidagi asosiy va qo'shimcha tarkibdan iborat.

U tizimli blok – shaxsiy kompiyuterni asosiy electron tarkibini o'z ichiga oladi. Bu manitor yaini (display) axborotni electron nurli trubka ekrani orqali vizul tasvirlaydigan qurilma yana kalaviatura - bu axborot kiritishning universal standart qurilmasi u tashqi qurilmalar shuningdek qo'shimcha moslamalar,(printr skaner plotter sichqonch va boshqalar).
Tizimli blok kompyuterni eng muhim blokidir. Tizimli blok kompyuterning asosiy elektron qurilmalarni o'z ichiga oladi. Tizimli blok quydagi tarkibi qisimdan iborat.
1 Tizimli plata
2 Diskyurituvchi
3 Qatti disk
Tizimli plata bu – yani maxsus materialdan yasalgan

plastinada joylashgan mikrosxemalardan iborat bo'lib ular o'zaaro bog'lovchi elektr (yani tok) o'tkazuvchi yo'llari bilan bog'langan. Shuningdek tizimli plata EHM ning eng asosiy elementlarini o'zida jamlaydi. Yani u markaziy protsesori, tezkor xotira mikrosxemalari, doimiy xotira, taymer joylashgan (unda joylashtirilgan soatlar) va kengaytirish tutashmalari va boshqarlardir. Shu bilan birgalikda tizimli plataning eng asosiy elementlaridan biri bu markaziy protsesordir.

Dastur bilan berilgan ma'lumotlarni o'zgartirishga, hamma hisoblash jarayonlarini boshqarishga, hamda hisoblash ishlariga tegishli moslamalarning o'zaro aloqasini o'rnatishini taminlab beruvchi qurilma-protsessor deb ataladi. Protsessorda quydagi amallar bajariladi. Yani arfimetik va mantiqiy amallarni bajarish xotiraga murojat qilish dasturda berilgan ko'rsatmalarning berilgan ketma ketlikda bajarilishini hamda asosiy xotira o'rtasida aloqa o'rnatish amalga oshiriladi.

Protsessor katta integral sxemalardan foydalanish asosida quriladi. Pratsessor kompyuterning asosiy qarilmalaridan xisoblanib kompyuterning "Yuragi"dir.Shuningdek protsessor kompyuterning barcha ishini boshqaradi va barcha buyuriqlarni bajaradi.

Mikroprotsessor tarixi va uning turlar

Mikroprotsessor (MP) shaxsiy kompyuter (SHK)ning markaziy bloki bo'lib, u mashinaning barcha bloklari ishini boshqarish hamda axborot ustida arifmetik va mantiqiy amallarni bajarish uchun mo'ljallangan. Mikroprotsessor tarkibiga quyidagi qurilmalar kiradi.

Boshqarish qurilmasi (BQ): mashinani hamma bloklariga kerakli vaqtda aniq boshqarish signallarini shakllantiradi va uzatadi (boshqaruvchi impulslarni), bu signallar bajarilayotgan amal xususiyati va oldingi amallar natijalari bilan belgilanadi; bajarilayotgan amal ishlatadigan xotira yacheykalari adreslarini shakllantiradi va bu adreslarni EHM ni mos bloklariga uzatadi; boshqarish qurilmasi impulslarning tayanchli ketma-ketligini taktli impulslar generatoridan oladi.

Arifmetik-mantiqny qurilma (AMK) — sonli va belgili axborot ustida barcha arifmetik va mantiqiy amallarni bajarish uchun mo'ljallangan (SHK larning ba'zi modellarida amallarni bajarilishini tezlashtirish uchun qo'shimcha matematik soprocessor ulanadi).

Mikroprotsessorli xotira (MPX) — mashina ishlashining eng yaqin taktlaridagi hisoblashlarda bevosita ishlatiladigan axborotni qisqa vaqt saqlash, yozish va uzatish uchun mo'ljallangan; MPX registrlar asosida quriladi va mashinaning yuqori tezkorligini ta'minlash uchun ishlatiladi, negaki asosiy xotira (AX) tez ishlovchi mikroprotsessorning samarali ishlashi uchun kerak bo'lgan ma'lumotni yozish, qidirish va o'qish tezligini har doim ham ta'minlayvermaydi.

Registrlar — turli xil uzunlikdagi xotiraning tez ishlovchi yacheykalari (1 bayt standart uzunlikka ega bo'lgan va tezkorligi nisbatan pastroq AX yacheykalaridan farqli o'laroq).

Mikroprotsessorning interfeysli tizimi SHKning boshqa qurilmalari bilan ulash va aloqa qilish uchun mo'ljallangan, u o'z ichiga Mpning ichki interfeysi, buferli eslab qolish registrlari va kiritish-chiqarish portlarini (KCHP), boshqarish sxemalari va tizimli shinani oladi.

Interfeys (interface) — kompyuter qurilmalarini o'zaro moslash va aloqa qurilmalari to'plami bo'lib, ularning o'zaro samarali ishlashini ta'minlaydi.

Kiritish-chiqarish porti (I/O port) — ulash texnik aviyurasi bo'lib, mikroprotsessorga boshqa qurilmalarni ulash imkonini beradi.

Taktli impulslar generatori chastotasi shaxsiy kompyuterning asosiy tavsiflaridan biri hisoblanadi va ko'p jihatdan uning ishlash tezligini aniqlaydi, negaki mashinadagi har bir amal ma'lum taktlar soni davonida bajariladi.

Tizimli shina — kompyuterning asosiy interfeysli tizimi bo'lib, u kompyuterning barcha qurilmalari orasidagi o'zaro ulanishni va aloqani ta'minlaydi.

Tizimli shina quyidagilarni o'z ichiga oladi:

• qiymatlarning kodli shinasi (AQSH), u operand sonli kodining (mashina so'zi) hamma razryadlarini parallel uzatish uchun simlar va ulash sxemalarini o'z ichiga oladi;

• adresning kodli shinasi (AQSH), u asosiy xotira yacheykalarining va tashqi qurilma kiritish-chiqarish portlarining adreslari kodining hamma razryadlarini parallel uzatish uchun simlar va ulanish sxemalarini o'z ichiga oladi;

• ko'rsatmalarning kodli shinasi (KKSH), u mashinaning hamma bloklariga ko'rsatmalarni (boshqaruvchi signallarni, impulslarni) uzatish uchun simlar va ulanish sxemalarini o'z ichiga oladi;

• ta'minot (tok) shinasi, u energo ta'minot tizimiga SHKning bloklarini ulash uchun simlar va ulanish sxemalarini o'z ichiga oladi.

Mikroprotsessorlar haqida gapirar ekanmiz asosiy muhim tushinchalarga to'xtalib utishimiz lozim bo'ladi. Mirkoprotsessorga nisbatan amal bajaruvchi har qanday tashqi qurilma periferiya deb atash mumkin.

Registr- qurilmalarning o'ziga xos tengliklar birlashmasini anglatadi, ularning vazifasi ma'lumotlarni saqlash hamda ma'lumotlarga tezkor murojat qilish imkoniyatini beradi. Ushbu qurilmalar integral sxemada triggerlarda foydalaniladi. Trigger o'z navbatida tranzistor o'tkazgichlarda amalga oshiriladi (ya'ni elektron kalitlar). N trigger registrda N bit ma'lumotni tushinish mumkin.

Port –shunday sxemaki odatda o'ziga bir qancha registrlarni qamrab oluvchi hamda ulanish imkoniyatini beruvchi vositadir, masalan pereferiya qurilmasi mirkoprotsessorni tashqi shinasiga ulanishida ko'rishimiz mumkin. Amalda xar mikrsxema har xil maqsadlar uchun ishlatiladi. Shaxsiy kompyuterda har bir port o'ziga xos unikal raqamiga ega bo'ladi. Shuni aytib o'tish joyizki portlarni raqami mohiyatan registrlarning kiritib chiqarish manzili bo'lib xizmat qiladi. Shuningdek manzil kengligi asosiy xotira va kiritib chiqarish porti bilan kesishmaydi.

Uziliksizlik – tushinchasi asinxron jarayonning xabarini anglatadi (ya'ni protsessor qandaydir asinxron jarayonni tushinadi). Ushbu holatda buyruqlarning ketma-ketligi to'xtatiladi. Uning o'rniga esa boshqa bir ketma- ketlik amalga oshiriladi.

Soddalashtirilgan ko'rsatmalar to'plamiga ega protsessor. Ushbu arxitektura ancha sodda boshqaruv qurilmasiga ega. RISC protsessorining ko'pgina ko'rsatmalari bir xil kam sonli operatsiyalarni (1, ba'zan 2-3) o'z ichiga oladi va buyruq so'zlari aksariyat hollarda bir xil kenglikka ega (PowerPC, ARM), garchi istisnolar mavjud bo'lsa ham (Coldfire). Superskalar protsessorlar bajarilish tartibini o'zgartirmagan holda ko'rsatmalarning eng oddiy guruhlanishiga ega.

Aniq parallel protsessor. U boshqalardan birinchi navbatda amallarni bajarishning ketma-ketligi va parallelligi hamda ularning funksional qurilmalar o'rtasida taqsimlanishi dastur tomonidan aniq belgilanganligi bilan farq qiladi. Bunday protsessorlar boshqaruv moslamasini juda murakkablashtirmasdan va samaradorlikni yo'qotmasdan juda ko'p funktsional qurilmalarga ega bo'lishi mumkin. Odatda, bunday protsessorlar har bir funktsional qurilmaning soat siklidagi harakatini aniqlaydigan bir nechta bo'g'inlardan iborat keng boshqaruv so'zidan foydalanadi.

Minimal ko'rsatmalar to'plami protsessor. Ushbu arxitektura birinchi navbatda juda oz sonli ko'rsatmalar (bir necha o'nlab) bilan belgilanadi va ularning deyarli barchasi null-operandlardir. Ushbu yondashuv bitta ko'rsatma uchun 5 dan 8 bitgacha bo'lgan kodni juda qattiq joylashtirish imkonini beradi. Bunday protsessordagi oraliq ma'lumotlar odatda ichki stekda saqlanadi va operatsiyalar stekning yuqori qismidagi qiymatlar bo'yicha amalga oshiriladi. Ushbu arxitektura to'rtinchi tilda dasturlash mafkurasi bilan chambarchas bog'liq va odatda ushbu tilda yozilgan dasturlarni bajarish uchun ishlatiladi.

O'zgaruvchan ko'rsatmalar to'plami protsessor. Ko'rsatmalar to'plamini o'zgartirish, uni vazifaga moslashtirish orqali o'zingizni qayta dasturlash imkonini beruvchi arxitektura.

Transportga asoslangan protsessor. Arxitektura dastlab EPIC-dan ajralib chiqdi, lekin boshqalardan tubdan farq qiladi, chunki bunday protsessorning ko'rsatmalari funktsional operatsiyalarni kodlaydi va transport deb ataladiganlar funktsional qurilmalar va xotira o'rtasida o'zboshimchalik bilan ma'lumotlarni uzatishni kodlaydi.

Dasturlarni saqlash usuliga ko'ra ikkita arxitektura ajralib turadi:

Von Neumann arxitekturasi... Ushbu arxitekturaning protsessorlari dastur va ma'lumotlarga kirish uchun bitta avtobus va bitta kiritish-chiqarish qurilmasidan foydalanadilar.

Garvard arxitekturasi. Ushbu arxitektura protsessorlarida dasturlarni olish va ma'lumotlarni almashish uchun alohida avtobuslar va kiritish-chiqarish qurilmalari mavjud. O'rnatilgan mikroprotsessorlar, mikrokontrollerlar va DSP-larda bu dasturlar va ma'lumotlarni saqlash uchun ikkita mustaqil xotira mavjudligini ham belgilaydi. Markaziy ishlov berish birliklarida bu alohida ko'rsatma va ma'lumotlar keshining mavjudligini aniqlaydi. Kesh orqasida avtobuslarni multiplekslash orqali bittaga birlashtirish mumkin.

Har qanday shaxsiy kompyuterning eng muhim elementi mikroprotsessordir. U asosan hisoblash tizimining imkoniyatlarini belgilaydi. Birinchi i4004 mikroprotsessori 1971 yilda ishlab chiqarilgan va o'shandan beri Intel bozor segmentida yetakchi o'rinni mustahkam egallab kelmoqda. Eng muvaffaqiyatli ishlab chiqish loyihasi i8080 hisoblanadi. Aynan shu asosda Altair kompyuteri yaratilgan bo'lib, B. Geyts o'zining birinchi Basic tarjimonini yozgan. I8080 klassik arxitekturasi bir chipli mikroprotsessorlarning keyingi rivojlanishiga katta ta'sir ko'rsatdi. 1979 yil iyun oyida Intel tomonidan e'lon qilingan i8088 mikroprotsessori shaxsiy kompyuterlar uchun haqiqiy sanoat standartiga aylandi. 1981 yilda "ko'k gigant" (IBM) o'z shaxsiy kompyuterlari uchun ushbu protsessorni tanladi. Dastlab, i8088 mikroprotsessori 4,77 MGts chastotada ishladi va taxminan 0,33 Mops tezligiga ega edi, ammo keyin uning klonlari 8 MGts dan yuqori soat chastotasi uchun ishlab chiqilgan.

I8086 mikroprotsessori bundan roppa-rosa bir yil avval, 1978 yilning iyulida paydo bo'lgan va CompaqDecPro kompyuteri tufayli mashhur bo'lgan. I8086 arxitekturasi va bozor talabiga asoslanib, Intel 1982 yil fevral oyida i80286 ni chiqardi. U yangi bilan bir vaqtda paydo bo'ldi IBM kompyuteri Kompyuter AT. Ishlashning ortishi bilan bir qatorda, u himoyalangan rejimga ega edi (xotirani boshqarishning yanada murakkab texnikasidan foydalanilgan). Himoyalangan rejim Windows 3.0 va OS / 2 kabi dasturlarga 1 MB dan ortiq RAM bilan ishlashga imkon berdi. Yangi tizim avtobusidagi 16 bitli ma'lumotlar tufayli 2 baytli xabarlarni boshqaruv paneli bilan almashish mumkin. Yangi mikroprotsessor himoyalangan rejimda 16 MB operativ xotiraga kirish imkonini berdi. I80286 protsessori birinchi marta chip darajasida multitasking va boshqaruvni taqdim etadi virtual xotira... 8 MGts soat chastotasi bilan 1,2 Mips ishlashga erishildi.

1 Mikroprotsessorlarning rivojlanishi

Kompyuterlar 50-yillardan boshlab keng tarqaldi. Ilgari bu faqat davlat idoralarida va yirik firmalarda ishlatiladigan juda katta va qimmat qurilmalar edi. Raqamli kompyuterlarning hajmi va shakli mikroprotsessorlar deb ataladigan yangi qurilmalarning rivojlanishi natijasida tanib bo'lmas darajada o'zgardi.

Mikroprotsessor (MP) dasturiy ta'minot bilan boshqariladigan elektron qurilma raqamli qurilma, raqamli ma'lumotlarni qayta ishlash va ushbu qayta ishlash jarayonini boshqarish uchun mo'ljallangan, bir yoki bir nechta integral mikrosxemalar bilan amalga oshiriladi. Yuqori daraja elektron elementlarning integratsiyasi.

1970 yilda Intel kompaniyasidan Marshian Edvard Xoff asosiy kompyuterning markaziy protsessoriga o'xshash integral sxemani yaratdi – birinchi mikro Intel protsessori-4004, u 1971 yilda sotuvga chiqarilgan.

Bu haqiqiy yutuq edi, chunki o'lchami 3 sm dan kam bo'lgan Intel-4004 MP gigant ENIAC mashinasiga qaraganda samaraliroq edi. To'g'ri, u ancha sekinroq ishladi va bir vaqtning o'zida atigi 4 bit ma'lumotni qayta ishlay oldi (meynfreym protsessorlari bir vaqtning o'zida 16 yoki 32 bitni qayta ishladi), lekin birinchi MP narxi o'n minglab marta arzon edi.

Kristal Garvard tipidagi klassik kompyuter arxitekturasiga ega 4-bitli protsessor bo'lib, 10 mikron dizayn standarti bilan ilg'or p-kanal MOS texnologiyasi bo'yicha ishlab chiqarilgan. Elektr diagrammasi qurilma 2300 tranzistordan iborat edi. MP 750 kHz taktli chastotada ishlagan, buyruq siklining davomiyligi 10,8 mks. I4004 chipida manzillar stekasi (ko'rsatma hisoblagichi va uchta LIFO tipidagi stek registrlari), RON bloki (yuqoridagi registrlar) mavjud edi. Tasodifiy kirish xotirasi yoki registr fayli – RF), 4-bitli parallel ALU, batareya, buyruq dekoderiga ega buyruq registri va boshqaruv sxemasi, shuningdek, aloqa sxemasi. Tashqi qurilmalar... Ushbu funktsional bloklarning barchasi 4 bitli step motor bilan birlashtirilgan. Yo'riqnoma xotirasi 4 KB ga yetdi (taqqoslash uchun: 70-yillarning boshlarida mini-kompyuter xotirasi hajmi kamdan-kam hollarda 16 KB dan oshdi) va RF protsessor 16 4-bitli registrlardan iborat bo'lib, ulardan 8 8- sifatida foydalanish mumkin edi. Bit registrlari. RONlarning bunday tashkiloti Intelning keyingi deputatlarida saqlanib qoldi. Uchta stek registrlari pastki dasturni joylashtirishning uchta darajasini ta'minladi. MP i4004 faqat 16 pinli DIP (Dual In-line Package) tipidagi plastik yoki sinterlangan korpusga o'rnatilgan. Uning buyruq tizimi atigi 46 ta buyruqdan iborat edi.

Shu bilan birga, kristall juda cheklangan kirish / chiqish imkoniyatlariga ega edi va buyruqlar tizimi mantiqiy ma'lumotlarni qayta ishlash operatsiyalarini o'z ichiga olmaydi (VA, OR, EXCLUSIVE OR) va shuning uchun ularni maxsus pastki dasturlar yordamida amalga oshirish kerak edi. I4004 modulida to'xtash (HALT buyruqlari) va uzilishlarni boshqarish qobiliyati yo'q edi.

Protsessorning buyruqlar sikli asosiy osilatorning 8 ta takt siklidan iborat edi. Multiplekslangan SH (manzil avtobusi) / ShD (ma'lumotlar avtobusi) mavjud edi, 12-bitli manzil 4-bit bilan uzatildi.

1972-yil 1-aprelda Intel sanoatning birinchi 8-bitli i8008-ni yetkazib berishni boshladi. Kristal 10 mikron dizayn standartiga ega p-kanal MOS texnologiyasidan foydalangan holda ishlab chiqarilgan va 3500 tranzistorni o'z ichiga olgan. Protsessor 500 kHz chastotada ishlagan, mashina aylanishining davomiyligi 20 mks (10 ta asosiy osilator davri).

O'zidan oldingilaridan farqli o'laroq, MP Prinston tipidagi kompyuter arxitekturasiga ega edi va xotira sifatida u ROM va RAM kombinatsiyasidan foydalanishga imkon berdi.

I4004 bilan solishtirganda, RON soni 16 dan 8 taga kamaydi va manzilni bilvosita xotira manzilida saqlash uchun ikkita registrdan foydalanildi (texnologiya cheklovi – MP 8008 da 4004 va 4040 kristallariga o'xshash RON bloki shaklda amalga oshirildi. Dinamik xotira). Mashina aylanishining davomiyligi deyarli ikki baravar qisqardi (8 dan 5 tagacha). Ishni sekin qurilmalar bilan sinxronlashtirish uchun READY signali joriy etildi.

Buyruqlar tizimi 65 ta buyruqdan iborat edi. MP 16 KB xotiraga murojaat qilishi mumkin. Uning ishlashi to'rt bitli MP bilan solishtirganda 2,3 baravar oshdi. Protsessorni xotira va kiritish-chiqarish qurilmalari bilan ulash uchun o'rtacha 20 ga yaqin o'rta integratsiya sxemalari kerak edi.

Murakkab yuqori samarali Mplarni yaratish uchun p-kanal texnologiyasining imkoniyatlari deyarli tugaydi, shuning uchun "asosiy zarba yo'nalishi" n-kanalli MOS texnologiyasiga o'tkazildi.

1974 yil 1 aprelda Intel 8080 MP barcha manfaatdor tomonlar e'tiboriga taqdim etildi. 6 mikronlik dizayn standartiga ega p-MOS texnologiyasidan foydalanish tufayli chipga 6 ming tranzistorni joylashtirish mumkin bo'ldi. Protsessorning soat tezligi 2 MGts ga oshirildi va ko'rsatmalarning aylanish vaqti allaqachon 2 mks edi. Protsessor tomonidan yuborilgan xotira hajmi 64 KB gacha oshirildi.

40 qo'rg'oshinli korpusdan foydalanish tufayli SH va ShD ni ajratish mumkin edi, umumiy soni Minimal konfiguratsiyada tizimni qurish uchun zarur bo'lgan mikrosxemalar 6 taga

qisqartirildi.

Rossiya Federatsiyasida uzilishlarni qayta ishlashda faol qo'llaniladigan stek ko'rsatkichi, shuningdek, ichki o'tkazmalar uchun ikkita dasturiy jihatdan mavjud bo'lmagan registrlar joriy etildi. RON bloki statik xotira mikrosxemalarida amalga oshirildi. Batareyani Rossiya Federatsiyasidan chiqarib tashlash va uni ALUga kiritish ichki avtobusning boshqaruv sxemasini soddalashtirdi.

MT arxitekturasida yangi – foydalanish ko'p darajali tizim vektor uzilishlari. Bunday texnik yechim uzilish manbalarining umumiy sonini 256 taga etkazish imkonini berdi (LSI uzilish kontrollerlari paydo bo'lishidan oldin, uzilishlar vektorlarini yaratish sxemasi o'rta integratsiyaning 10 tagacha qo'shimcha chiplaridan foydalanishni talab qildi). I8080 to'g'ridan-to'g'ri xotiraga kirish (DMA) mexanizmini taqdim etadi (avvalgi IBM System 360 asosiy kompyuterlari va boshqalarda bo'lgani kabi).

PDP mikrokompyuterlardagi CRT-lardagi magnit disklar va lenta displeylari kabi murakkab qurilmalardan foydalanish uchun yashil chiroqni ochdi, bu mikrokompyuterni to'liq hisoblash tizimiga aylantirdi.

Kompaniyaning birinchi kristalldan boshlangan an'anasi alohida CPU chipi emas, balki birgalikda foydalanish uchun mo'ljallangan LSI oilasiga aylandi.

Zamonaviy mikroprotsessorlar 32-bitli x86 yoki IA-32 (Intel Architecture 32 bit) arxitekturasida qurilgan, ammo tez orada yanada rivojlangan, samarali 64-bitli IA-64 (Intel Architecture 64-bit) arxitekturasiga o'tish bo'ladi. Darhaqiqat, o'tish allaqachon boshlangan, buni 2003 yilda AMD (Advanced Micro Devices) dan yangi Athlon 64 mikroprotsessorining ommaviy ravishda chiqarilishi va sotuvga chiqarilishi guvohlik beradi, bu mikroprotsessor ikkala 32 mikroprotsessor bilan ham ishlay olishi bilan ajralib turadi. -bitli ilovalar va 64-bitli ilovalar.bit. 64-bitli mikroprotsessorlarning ishlashi ancha yuqori.2 ta mikroprotsessor i80386

1985 yil oktyabr oyida Intel birinchi 32 bitli mikroprotsessor i80386 ni e'lon qildi. Ushbu mikroprotsessordan foydalangan birinchi kompyuter CompaqDeskPro 386 bo'ldi. Yangi mikroprotsessordagi to'liq 32-bitli arxitektura kengaytirilgan xotirani boshqarish qurilmasi bilan to'ldirildi, u segmentatsiya blokiga qo'shimcha ravishda sahifani boshqarish bloki bilan to'ldirildi. Ushbu qurilma segmentlarni bir xotira joyidan ikkinchisiga o'zgartirishni osonlashtiradi. 16 MGts soat chastotasida tezlik 6 Mips edi. 32-manzilli liniyalar 4 Gb xotirani jismoniy manzillash imkonini berdi, bundan tashqari, V86 virtual xotirani boshqarishning yangi rejimi joriy etildi. Ushbu rejimda i8086 uchun bir nechta vazifalar bir vaqtning o'zida bajarilishi mumkin.

I80386 mikroprotsessori, 1 protsessor bilan birga ishlab chiqarilgan, i80386DX deb nomlangan. 32-bitli mikroprotsessorning arzonroq modeli faqat 1988 yil iyul oyida paydo bo'ldi (i80386SX). Yangi mikroprotsessorda 16-bitli ma'lumotlar shinasi va 24-bitli manzil shinasi ishlatilgan. Bu, ayniqsa, standart IBM PC AT uchun qulay edi. I80386DX uchun yozilgan dastur i80386DX da ishlagan. Ichki registrlar butunlay bir xil edi. SX indeksi "o'n olti" (16 bitli ma'lumotlar avtobusi) so'zidan kelib chiqqan. I486 uchun SX soprotsessor yo'q degan ma'noni anglatadi. 1989 yil kuzgi savdo ko'rgazmasida Intel i80486DX ni e'lon qildi, u bitta qolipda 1,2 million tranzistorni o'z ichiga olgan va qolgan 86 protsessor bilan to'liq mos keladi. Birinchi marta yangi mikrosxemalar markaziy protsessor, soprotsessor va kesh-xotirani bitta o'lchamda birlashtirdi. RISC protsessorlariga xos bo'lgan quvurli arxitekturadan foydalanish an'anaviy 32-bitli tizimlarning ishlashini 4 baravar oshirishga imkon beradi. Tez-tez ishlatiladigan ko'rsatmalar va ma'lumotlarni oraliq saqlash tufayli 8 KB bortdagi kesh tezlashtirilgan bajarilishi. 25 MGts soat chastotasida mikroprotsessor 16,5 Mips ishlashga ega edi. 1991 yil yanvar oyida tashkil etilgan 50 MGts chastotali mikroprotsessorli versiya ishlashni yana 50% ga oshirish imkonini berdi. O'rnatilgan soprotsessor matematik hisob-kitoblarni sezilarli darajada tezlashtirdi, ammo keyinchalik ma'lum bo'ldiki, foydalanuvchilarning atigi 30 foizi bunday mikroprotsessorga muhtoj edi.

Siz kompyuterdan foydalanasizmi yoki mobil qurilma bu mavzuni hozir o'qish uchun. Ushbu amallarni bajarish uchun kompyuter yoki mobil qurilma mikroprotsessordan foydalanadi. Mikroprotsessor har qanday qurilma, server yoki noutbukning yuragi hisoblanadi. Mikroprotsessorlarning ko'p markalari mavjud turli ishlab chiqaruvchilar, lekin ularning barchasi taxminan bir xil va taxminan bir xil tarzda qiladi.

Mikroprotsessor- protsessor yoki markaziy protsessor sifatida ham tanilgan, bu bitta chipda ishlab chiqarilgan hisoblash mexanizmi. Birinchi mikroprotsessor Intel 4004 bo'lib, u 1971 yilda paydo bo'lgan va unchalik kuchli emas edi. U qo'shish va ayirish mumkin edi va bu bir vaqtning o'zida atigi 4 bit. Protsessor ajoyib edi, chunki u bitta chipda bajarilgan. Siz so'raysiz, nega? Mening javobim shuki, o'sha paytda muhandislar protsessorlarni bir nechta chiplardan yoki diskret komponentlardan ishlab chiqarishgan (tranzistorlar alohida paketlarda ishlatilgan).

Agar siz mikroprotsessor kompyuterda nima qilishini, u qanday ko'rinishga ega ekanligini yoki uning boshqa mikroprotsessorlardan qanday farqlari borligini qiziqtirgan bo'lsangiz, u holda o'ting. Kesma ostida- eng qiziqarli va tafsilotlari bor.

Mikroprotsessor taraqqiyoti: Intel

Keyinchalik oddiylarning yuragi bo'lgan birinchi mikroprotsessor uy kompyuteri, Intel 8080, 1974 yilda paydo bo'lgan bitta chipdagi to'liq 8 bitli kompyuter edi. Birinchi mikroprotsessor bozorda haqiqiy yuksalishni keltirib chiqardi. Keyinchalik 1979 yilda chiqarildi yangi model- Intel 8088. Agar siz shaxsiy kompyuterlar bozori va uning tarixi bilan tanish bo'lsangiz, bilasizki, shaxsiy kompyuterlar bozori Intel 8088 dan Intel 80286 ga, u Intel 80386 va Intel 80486 ga, keyin esa Pentium, Pentium II, Pentium ga o'tgan.III va Pentium 4 Bu mikroprotsessorlarning barchasi Intel tomonidan ishlab chiqarilgan bo'lib, ularning barchasi Intel 8088 ning asosiy dizayni uchun qo'shimchalardir. Pentium 4 har qanday kodni bajarishi mumkin, lekin u buni 5000 marta tezroq bajaradi.

2004 yilda yil Intel bir nechta yadroli va million tranzistorli mikroprotsessorlarni taqdim etdi, lekin hatto bu mikroprotsessorlar ham ergashdi umumiy qoidalar ilgari ishlab chiqarilgan chiplar kabi. Qo'shimcha ma'lumot jadvalda:

· sana: protsessor birinchi marta taqdim etilgan yil. Ko'pgina protsessorlar qayta chiqarildi, lekin yuqori soat tezligiga ega va bu asl chiqarilgan sanadan keyin ko'p yillar davomida davom etdi.

· Transistorlar: Bu chipdagi tranzistorlar soni. Ko'rish mumkinki, har bir o'limga tranzistorlar soni yillar davomida doimiy ravishda oshib bormoqda.

· mikron: mikronlarda, chipdagi eng kichik simning

kengligi. Taqqoslash uchun men qalinligi taxminan 100 mikron bo'lgan inson sochini keltira olaman. O'lchamlar kichikroq va kichikroq bo'lgani uchun tranzistorlar soni ortib bordi.

· Soat chastotasi: maksimal tezlik qaysi chip rivojlanishi mumkin. Men sizga soat chastotasi haqida biroz keyinroq aytib beraman.

· Kenglik (avtobus) ma'lumotlari: ALU (arifmetik mantiq birligi) kengligi. 8-bitli ALU qo'shish, ayirish, ko'paytirish va hokazolarni amalga oshirishi mumkin. Ko'p hollarda ma'lumotlar shinasi ALU bilan bir xil kenglikda bo'ladi, lekin har doim ham emas. Intel 8088 16-bitli va 8-bitli shinaga ega edi, zamonaviy Pentium modellari esa 64-bitli.

· MIPS: Jadvaldagi ushbu ustun soniyada bajariladigan amallar sonini ko'rsatish uchun mo'ljallangan. Bu mikroprotsessorlar uchun o'lchov birligi. Zamonaviy protsessorlar juda ko'p turli xil ishlarni qila oladiki, jadvalda keltirilgan bugungi reytinglar butun ma'nosini yo'qotadi. Ammo o'sha davrlardagi mikroprotsessorlarning nisbiy quvvatini his qilishingiz mumkin.

Ushbu jadvaldan, umuman olganda, soat tezligi va MIPS (soniyadagi operatsiyalar) o'rtasida bog'liqlik mavjudligini ko'rishingiz mumkin. Maksimal soat chastotasi funksiyadir ishlab chiqarish protsessori… Shuningdek, tranzistorlar soni va soniyadagi operatsiyalar soni o'rtasida bog'liqlik mavjud. Misol uchun, 5 MGts (hozir 2,5-3 GGts) chastotali Intel 8088 faqat 0,33 MIPS (har 15 takt sikli uchun taxminan bitta ko'rsatma) ishlaydi. Zamonaviy protsessorlar ko'pincha soat siklida ikkita ko'rsatmalarni bajarishi mumkin. Bu o'sish chipdagi tranzistorlar soniga bevosita bog'liq va men bu haqda keyinroq gaplashaman.

Chip nima?

Chip ham integral mikrosxemalar deb ataladi. Odatda bu mikroprotsessorni tashkil etuvchi tranzistorlar o'yib yozilgan kichik, yupqa kremniy bo'lagi. Chip bir dyuymgacha kichik bo'lishi mumkin, lekin baribir o'n millionlab tranzistorlarni o'z ichiga oladi. Oddiyroq protsessorlar bir necha kvadrat millimetr o'lchamdagi chipga o'yilgan bir necha ming tranzistorlardan iborat bo'lishi mumkin.

U qanday ishlaydi

Intel Pentium 4

Mikroprotsessor qanday ishlashini tushunish uchun uning ichiga qarash va uning ichki qismlarini o'rganish foydali bo'ladi. Bu jarayonda siz assembler tili, mikroprotsessorning ona tili va protsessor tezligini oshirish uchun muhandislar nima qilishi mumkinligi haqida ham bilib olishingiz mumkin.

Mikroprotsessor protsessorga nima qilish kerakligini aytadigan mashina ko'rsatmalari to'plamini bajaradi. Ko'rsatmalarga asoslanib, mikroprotsessor uchta asosiy ishni bajaradi:

· Mikroprotsessor o'zining ALU (arifmetik mantiq birligi) yordamida ishlashi mumkin matematik operatsiyalar... Masalan, qo'shish, ayirish, ko'paytirish va bo'lish. Zamonaviy mikroprotsessorlar juda murakkab operatsiyalarni bajarishga qodir

• Mikroprotsessor ma'lumotlarni bir xotira joyidan boshqasiga o'tkazishi mumkin

• Mikroprotsessor qarorlar qabul qilishi va shu qarorlar asosida yangi ko'rsatmalar to'plamiga o'tishi mumkin.

Ochig'ini aytganda, mikroprotsessor murakkab ishlarni bajaradi, lekin yuqorida men uchta asosiy faoliyatni tasvirlab berdim. Quyidagi diagrammada ushbu uchta narsani bajarishga qodir bo'lgan juda oddiy mikroprotsessor ko'rsatilgan. Ushbu mikroprotsessorda quyidagilar mavjud:

• Xotiraga kirishni yuboruvchi manzil shinasi (8, 16 yoki 32 bit).

• Ma'lumotlarni xotiraga uzatuvchi yoki xotiradan ma'lumotlarni qabul qiluvchi ma'lumotlar shinasi (8, 16 yoki 32 bit)

• RD (o'qish) va WR (yozish) xotiraga o'rnatishni yoki manzilni olishni xohlashlarini bildiradi

• Protsessorning soat ketma-ketligini ko'rish imkonini beruvchi soat chizig'i

• Buyruqlar hisoblagichini nolga qaytaradigan va ijroni qaytadan boshlaydigan reset liniyasi

Mikroprotsessor xotirasi

Avvalroq biz manzillar va ma'lumotlar avtobuslari, shuningdek, o'qish va yozish qatorlari haqida gapirgan edik. Bularning barchasi RAM (tasodifiy kirish xotirasi) yoki ROM (faqat o'qish uchun xotira yoki faqat o'qish uchun xotira, ROM) ga ulanadi – odatda ikkalasi. Bizning mikroprotsessor misolida bizda 8 bitli keng manzil shinasi va bir xil darajada keng ma'lumotlar shinasi mavjud – 8 bit. Bu mikroprotsessor 2^8 dan 256 baytgacha bo'lgan xotiraga kirishi va bir vaqtning o'zida 8 bit xotirani o'qish va yozishni anglatadi. Faraz qilaylik, bu oddiy mikroprotsessorda 0-manzildan boshlanadigan 128 bayt ichki xotira va 128-manzildan boshlanadigan 128 bayt operativ xotira mavjud.

Tasodifiy kirish xotirasi faqat o'qish uchun mo'ljallangan xotirani anglatadi. Chip doimiy xotira doimiy oldindan belgilangan maqsadli baytlar bilan dasturlashtirilgan. Avtobus manzili operativ xotira chipiga qaysi baytga borishi va ma'lumotlar shinasiga mos kelishini bildiradi. O'qish chizig'I holatini o'zgartirganda, faqat o'qish uchun xotira chipi tanlangan baytni ma'lumotlar shinasiga taqdim etadi.

RAM qisqartmasi RAM, lol. Operativ xotira bir bayt ma'lumotni o'z ichiga oladi va mikroprotsessor o'qish yoki yozish chizig'ining signalizatsiya qilishiga qarab bu baytlarni o'qiy oladi yoki yozishi mumkin. Bugungi chiplarda topilishi mumkin bo'lgan muammolardan biri shundaki, ular energiya yo'qolishi bilanoq hamma narsani unutishadi. Shuning uchun kompyuterda RAM bo'lishi kerak.

RAM chipi yoki faqat o'qish uchun xotira (ROM) chipi

Aytgancha, deyarli barcha kompyuterlarda ma'lum miqdorda RAM mavjud. Shaxsiy kompyuterda faqat o'qish uchun mo'ljallangan xotira BIOS (Basic Input / Output System) deb ataladi. Ishga tushganda, mikroprotsessor BIOS-da topilgan ko'rsatmalarni bajarishni boshlaydi. Aytgancha, BIOS ko'rsatmalari ham o'z vazifasini bajaradi: ular apparatni tekshiradilar, so'ngra barcha ma'lumotlar yuklash sektorini yaratish uchun qattiq diskka o'tadi. Yuklash sektori bitta kichik dastur, va BIOS uni diskdan o'qib chiqqandan keyin xotirada saqlaydi. Keyin mikroprotsessor ko'rsatmalarni bajarishga kirishadi yuklash sektori RAMdan. Yuklash sektori dasturi mikroprotsessorga u bilan yana nima olish kerakligini ko'rsatadi. Qattiq disk RAMga, keyin hammasini qiladi va hokazo. Mikroprotsessor butun operatsion tizimni shunday yuklaydi va ishlaydi.

Mikroprotsessor ko'rsatmalari

Hatto men ta'riflagan juda oddiy mikroprotsessor ham bajarishi mumkin bo'lgan juda katta ko'rsatmalar to'plamiga ega bo'ladi. Ko'rsatmalar to'plami bit naqshlari sifatida amalga oshiriladi, ularning har biri ko'rsatmalar sektoriga yuklanganda turli xil ma'noga ega. Odamlar bit naqshlarini eslab qolishda unchalik yaxshi emas, chunki ular qisqa so'zlar to'plamidir. Aytgancha, bu qisqa so'zlar to'plami protsessorning assembler tili deb ataladi. Assembler so'zlarni bit naqshiga juda oson tarjima qilishi mumkin, keyin assemblerning harakatlari bajarish uchun mikroprotsessor xotirasiga joylashtiriladi.

Bu erda assembler tili ko'rsatmalari to'plami:

- LOADA mem- xotira manzili bilan registrga yuklash
- LOADB mem- xotira manzilidan B registriga yuklash
- CONB mem- doimiy qiymatni B registriga yuklash
- SAVEB mem- B registrini xotira manziliga saqlash
- SAVEC mem- C registrini xotira manziliga saqlash
- QO'SHISH- A va B qo'shing va natijani C ga saqlang
- SUB- A va B ni ayirib, natijani C da saqlang
- MUL- A va B ni ko'paytiring va natijani C da saqlang

- DIV- A va B ni ajrating va natijani C ga saqlang

- COM- A va B ni solishtiring va natijani testda saqlang

- JUMP manzil- manzilga boring

- JEQ manzili- agar teng bo'lsa, hal qilish uchun boring

- JNEQ manzili- teng bo'lmasa, hal qilish uchun boring

- JG manzili- agar ko'proq bo'lsa, yechim uchun boring

- JGE manzili- yechish uchun katta yoki teng bo'lsa o'ting

- JL manzili- agar kamroq bo'lsa, hal qilish uchun boring

- Jle manzil- hal qilish uchun kamroq yoki teng bo'lsa o'ting

- STOP- ijroni to'xtatish

Assambleya tili

C kompilyatori ushbu C kodini assembler tiliga tarjima qiladi. Agar operativ xotira ushbu protsessorda 128-manzildan boshlanadi va faqat o'qish uchun mo'ljallangan xotira (uni yig'ish tili dasturi mavjud) 0-manzildan boshlanadi deb faraz qilsak, bizning oddiy mikroprotsessorimiz uchun assembler quyidagicha ko'rinishi mumkin:

// Faraz qilaylik a 128 manzilda // F 1290 CONB 1 manzilida // a = 1; 1 SAVEB 1282 CONB 1 // f = 1; 3 SAVEB 1294 LOADA 128 // agar a>5 bo'lsa 175 ga o'tish CONB 56 COM7 JG 178 LOADA 129 // f = f * a; 9 LOADB 12810 MUL11 SAVEC 12912 LOADA 128 // a = a + 1; 13 CONB 114 ADD15 SAVEC 12816 dan JUMOP4 ga qaytarilsa //1

Faqat o'qish xotirasi (ROM)

Endi savol tug'iladi: "Bu ko'rsatmalarning barchasi faqat o'qish uchun xotira bilan qanday birlashadi?" Men, albatta, tushuntiraman: montaj tilidagi ushbu ko'rsatmalarning har biri shaklda ifodalanishi kerak ikkilik raqam... Oddiylik uchun, har bir assembly tili ko'rsatmasi o'ziga tegishli deb faraz qilaylik noyob raqam... Masalan, u quyidagicha ko'rinadi:

- YUKLASH – 1
- LOADB – 2
- CONB – 3
- SAVOB – 4
- SAVEC mem – 5
- QO'SHISH – 6
- SUB – 7
- MUL – 8
- DIV – 9
- COM – 10
- JUMP manzil – 11
- JEQ manzili – 12
- JNEQ manzili – 13
- JG manzili – 14

- JGE manzili – 15

- JL manzili – 16

- Jle manzil – 17

- STOP – 18

Bu raqamlar opkodlar deb nomlanadi. Faqat o'qish uchun mo'ljallangan xotirada bizning kichik dasturimiz quyidagicha ko'rinadi:

// Faraz qilaylik, a 128-manzilda // F manzil 129Addr opcode / value0 3 // CONB 11 12 4 // SAVEB 1283 1284 3 // CONB 15 16 4 // SAVEB 1297 1298 12 // 8013 12 // LOADA1 // CONB 511 512 10 // COM13 14 // JG 1714 3115 1 // YUKLASH 12916 12917 2 // YUKLASH 12818 12819 8 // MUL20 5 // SAVEC 12921 5 //13 2 2 //13 2 2 //1 2 2 AD SAVEC 12921 128 B //1 28 B // ADD27 5 // SAVEC 12828 12829 11 // JUMP 430 831 18 // STOP

Siz C kodining 7 qatori assemblerning 18 satriga aylanganini va faqat o'qiladigan xotirada hammasi 32 baytga aylanganini ko'rishingiz mumkin.

Dekodlash

Dekodlash bo'yicha ko'rsatma har bir operatsiya kodini mikroprotsessor ichidagi turli komponentlarni harakatga keltiradigan signallar to'plamiga aylantirishi kerak. Keling, misol sifatida ADD ko'rsatmalarini olaylik va u nima qilish kerakligini ko'rib chiqamiz. Shunday qilib:

- 1. Birinchi soat siklida siz yo'riqnomaning o'zini yuklashingiz kerak, shuning uchun dekoder quyidagilarni bajarishi kerak: buyruqlar hisoblagichi uchun buferni uchta holat bo'yicha faollashtirish, o'qish chizig'ini (RD)

faollashtirish, ma'lumotlarni uchta holatda faollashtirish. Buyruqlar registridagi bufer

- 2. Ikkinchi takt siklida ADD buyrug'I dekodlanadi. Bu erda qilish juda oz: arifmetik mantiq birligi (ALU) operatsiyasini C ro'yxatga olish uchun o'rnating

- 3. Uchinchi sikl davomida dastur hisoblagichi ortadi (nazariy jihatdan bu ikkinchi siklda bir-biriga mos kelishi mumkin)

Har bir ko'rsatma ketma-ket operatsiyalar to'plamiga bo'linishi mumkin – masalan, biz ko'rib chiqdik. Ular mikroprotsessor komponentlarini to'g'ri tartibda boshqaradi. Ba'zi ko'rsatmalar, masalan, ADD yo'riqnomasi, ikki-uch soat tsiklini olishi mumkin. Boshqalar besh yoki oltita chora ko'rishlari mumkin.

Keling, oxiriga yetaylik.

Transistorlar soni protsessorning ishlashiga katta ta'sir ko'rsatadi. Yuqorida ko'rib turganingizdek, odatiy Intel 8088 mikroprotsessori 15 tsiklni bajarishi mumkin. Transistorlar qancha ko'p bo'lsa, unumdorlik shunchalik yuqori bo'ladi – bu oddiy. Tranzistorlarning ko'pligi quvur liniyasi kabi texnologiyaga ham imkon beradi.

Quvur liniyasi arxitekturasi buyruqlarni bajarishdan iborat. Bitta ko'rsatmani bajarish uchun beshta tsikl kerak bo'lishi mumkin, lekin bir vaqtning o'zida bajarishning turli bosqichlarida beshta ko'rsatma bo'lishi mumkin emas. Shunday qilib, har bir soat siklini bitta ko'rsatma yakunlaganga o'xshaydi.

Ushbu tendentsiyalarning barchasi tranzistorlar sonining o'sishiga imkon beradi, natijada bugungi kunda mavjud bo'lgan ko'p million dollarlik tranzistorlar og'ir vaznli. Bunday protsessorlar soniyada milliardga yaqin operatsiyani bajarishi mumkin – bir tasavvur qiling. Aytgancha, endi ko'plab ishlab chiqaruvchilar 64-bitli versiyani chiqarishga qiziqish bildirishdi mobil protsessorlar va shubhasiz, yana bir to'lqin keladi, faqat bu safar 64-bitli arxitektura moda shohidir. Ehtimol, yaqin kelajakda men ushbu mavzuga etib boraman va u qanday ishlashini sizga aytib beraman. Bu, ehtimol, bugungi kun uchun. Umid qilamanki, siz uni qiziqarli deb topdingiz va ko'p narsalarni o'rgandingiz.

Birinchi mikroprotsessor 1971 yilda yaratilgan, va u bilan nihoyat tug'ildi to'rtinchi avlod kompyuterlari.

Markaziy protsessor(CPU, so'zma-so'z – markaziy ishlov berish qurilmasi) – mashina ko'rsatmalarini (dastur kodi) bajaradigan elektron blok yoki integral mikrosxema (mikroprotsessor). Ba'zan mikroprotsessor yoki oddiygina protsessor deb ataladi.

Markaziy protsessorning asosiy xususiyatlari quyidagilardan iborat: soat tezligi, ishlash, quvvat iste'moli va arxitektura.

Dastlabki protsessorlar noyob, agar noyob bo'lmasa, kompyuter tizimlari uchun noyob qurilish bloklari sifatida yaratilgan. Keyinchalik, bittasini bajarish uchun mo'ljallangan protsessorlarni ishlab chiqishning qimmat usulidan yagona dastur, kompyuter ishlab chiqaruvchilari protsessorlarning tipik sinflarini ommaviy ishlab chiqarishga o'tdilar.

Mikrosxemalarning rivojlanishi protsessorning jismoniy hajmini qisqartirgan holda murakkabligini yanada oshirishga imkon berdi.

Intel 1971 yilda dunyodagi birinchi 4-bitli 4004

mikroprotsessorini yaratdi mikrokalkulyatorlarda foydalanish uchun mo'ljallangan.keyin u o'zgartirildi 8 bitli Intel 8080 va 16 bitli 8086 bu barcha zamonaviy ish stoli kompyuterlarining arxitekturasi uchun asos yaratdi.

Keyin uning o'zgarishiga ergashdi, 80186.

V protsessor 80286 16 MB gacha xotiradan foydalanish imkonini beruvchi himoyalangan rejim paydo bo'ldi.

Intel 80386 protsessori 1985 yilda paydo bo'lgan va takomillashtirilgan himoyalangan rejimga keltirildi, 4 GB gacha operativ xotiraga ruxsat berildi.

Intel 486(shuningdek, i486, Intel 80486 yoki atigi 486 nomi bilan ham tanilgan) gibrid yadroga qurilgan x86-mos keladigan 4-avlod mikroprotsessor va 1989 yil 10 aprelda Intel tomonidan chiqarilgan.

Bu mikroprotsessor 80386 mikroprotsessorining takomillashtirilgan versiyasidir.U birinchi marta 1989 yilning kuzida ko'rgazmada namoyish etilgan.

Bu o'rnatilgan birinchi mikroprotsessor edi matematik protsessor(FPU). Asosan ish stoli kompyuterlari, serverlar va noutbuklarda (noutbuklar va noutbuklar) ishlatiladi.

Shaxsiy kompyuterlar ishlatila boshlandi x86 arxitektura protsessorlari.

Asta-sekin deyarli barcha protsessorlar mikroprotsessor formatida ishlab chiqarila boshlandi.Mikroprotsessor Intel Pentium 1993 yil 22 martda kiritilgan.

Yangi protsessor arxitekturasi 33MHz 486DX ga nisbatan 5 baravar ish faoliyatini yaxshilash imkonini beradi.

Transistorlar soni 3,1 mln.

237/238 oyoqli vilka.

Keyin (Intel'dan) 64-bitli protsessorlar paydo bo'ldi:

Itanium, Itanium 2, Pentium 4F, Pentium D, Xeon, Intel Core 2, Pentium Dual Core, Celeron Dual Core, Intel Core i3, Intel Core i5, Intel Core i7, Intel Xeon E3, ...

Ko'p yadroli protsessorlar bitta paketda bir nechta protsessor yadrolarini o'z ichiga oladi (bir yoki bir nechta kristallarda).

Birinchi ko'p yadroli mikroprotsessor 2001 yilda paydo bo'lgan va ikkita yadroga ega bo'lgan IBM kompaniyasining POWER4 protsessoridir. 2005 yil 14-noyabrda Sun chiqdi sakkiz yadroli UltraSPARC T1.

AMD 2007 yilda o'z yo'lidan bordi bitta kristalli to'rt yadroli protsessor.

2, 3, 4 va 6 yadroli, shuningdek, 2, 3 va 4 modulli protsessorlar endi keng tarqalgan. AMD protsessorlari avlod buldozer.

Shuningdek, serverlar uchun 8 yadroli Xeon va Nehalem protsessorlari (Intel) va 12 yadroli Opteron protsessorlari (AMD) mavjud.

Issiqlik moslamasi uchun mikroprotsessorlardan passiv radiatorlar va faol sovutgichlar ishlatiladi.

Intel Core i7- x86-64 Intel protsessorlari oilasi.

Bitta chipli qurilma: barcha yadrolar, xotira tekshiruvi va

kesh bir xil o'lchamda.

Qo'llab-quvvatlash Turbo Boost uning yordamida protsessor kerak bo'lganda ish faoliyatini avtomatik ravishda oshiradi.

Protsessorlarning himoya qopqog'I nikel bilan qoplangan misdan, substrat kremniydan va kontaktlar oltin bilan qoplangan misdan iborat.

Core i7 uchun minimal va maksimal saqlash harorati mos ravishda -55 ° C va 125 ° C ni tashkil qiladi.

Maksimal issiqlik tarqalishi Yadro protsessorlari i7 – 130 vatt.

Intel Core i7 3820 to'rtta jismoniy va sakkizta virtual protsessor yadrolari, 3,6 gigagertsli va dinamik 3,8 gigagertsli, shuningdek, o'n megabayt kesh xotirasi bilan jihozlangan. Bozorni ishga tushirish sanasi – 2012 yil

Zamonaviy kompyuterlar Ular kichik o'lchamli, qulay, axborotni qayta ishlashning yuqori tezligi, katta hajmdagi operativ xotira va jismoniy xotiraga ega.

Zamonaviy protsessorlarni topish mumkin nafaqat kompyuterlarda, balki avtomobillarda ham, mobil telefonlar, maishiy texnika va hatto bolalar o'yinchoqlarida.

) birinchi MDA va CGA grafikalaridan tortib eng so'nggi AMD va NVIDIA arxitekturalarigacha. Endi navbat har qanday kompyuterning bir xil darajada muhim komponenti bo'lgan markaziy protsessor birliklarining rivojlanishini kuzatish edi. Materialning ushbu qismida biz 1970-yillarga, shuning uchun birinchi 4 va 8 bitli echimlarga to'xtalamiz.

Birinchi markaziy ishlov berish birliklari kırkayaklar edi

1940-1960 yillar

Markaziy protsessor bloklarining rivojlanish tarixini o'rganishdan oldin, umuman olganda, kompyuterlarning rivojlanishi haqida bir necha so'z aytish kerak. Birinchi protsessorlar XX asrning 40-yillarida paydo bo'lgan. Keyin ular elektromexanik rele va vakuum naychalari yordamida ishladilar va ularda ishlatiladigan ferrit yadrolari xotira qurilmalari rolini o'ynadi. Bunday mikrosxemalarga asoslangan kompyuterning ishlashi uchun bu kerak edi katta soni protsessorlar. Shunga o'xshash kompyuter juda katta xonaning kattaligidagi ulkan bino edi. Shu bilan birga, u juda ko'p energiya chiqardi va uning ishlashi juda ko'p narsani talab qildi.

Elektromexanik o'rni yordamida kompyuter

Biroq, 1950-yillarda allaqachon protsessorlarni loyihalashda tranzistorlar qo'llanila boshlandi. Ularning qo'llanilishi tufayli muhandislar ko'proq narsaga erishdilar yuqori tezlik chiplarning ishlashi, shuningdek, ularning quvvat sarfini kamaytirish, lekin ishonchliligini oshirish.

1960-yillarda integral mikrosxemalar ishlab chiqarish texnologiyasi ishlab chiqildi, bu ularda joylashgan tranzistorlar bilan mikrochiplarni yaratishga imkon berdi. Protsessorning o'zi bir nechta shunday sxemalardan iborat edi. Vaqt o'tishi bilan texnologiya chipga tobora ko'proq tranzistorlarni joylashtirish imkonini berdi va shuning uchun protsessorlarda ishlatiladigan integral mikrosxemalar soni kamaydi.

Shunga qaramay, protsessorlarning arxitekturasi hali ham biz ko'rib turganimizdan juda uzoq edi. Ammo 1964 yilda IBM System / 360 ning chiqarilishi o'sha paytdagi kompyuterlar va protsessorlarning dizaynini zamonaviyga – birinchi navbatda dasturiy ta'minot bilan ishlash nuqtai nazaridan biroz yaqinlashtirdi. Gap shundaki, ushbu kompyuter paydo bo'lishidan oldin barcha tizimlar va protsessorlar faqat shu bilan ishlagan dastur kodi Bu ular uchun maxsus yozilgan. IBM o'z kompyuterlarida birinchi marta boshqa falsafani qo'lladi: turli xil ishlashga ega protsessorlarning butun liniyasi bir xil ko'rsatmalar to'plamini qo'llab-quvvatladi, bu esa System / 360 ning har qanday modifikatsiyasi nazorati ostida ishlaydigan dasturiy ta'minotni yozish imkonini berdi.

IBM System / 360 kompyuteri

Tizim / 360 muvofiqligi mavzusiga qaytadigan bo'lsak, IBM ushbu jihatga katta e'tibor berganligini ta'kidlash kerak. Misol uchun, zSeries liniyasidagi zamonaviy kompyuterlar hali ham qo'llab-quvvatlanadi dasturiy ta'minot System / 360 platformasi uchun yozilgan.

DEC (Digital Equipment Corporation), ya'ni PDP (Dasturlashtirilgan ma'lumotlar protsessor) kompyuterlari haqida unutmang. Firma 1957 yilda tashkil etilgan va 1960 yilda o'zining birinchi mini-kompyuteri PDP-1 ni chiqargan. Qurilma 18 bitli tizim bo'lib, o'sha paytdagi meynfreymlardan kichikroq bo'lib, "faqat" xona burchagini egallagan. Kompyuterga CRT monitor o'rnatilgan. Qizig'I shundaki, dunyodagi birinchi Kompyuter o'yini Kosmik urush deb ataladi! PDP-1 platformasi uchun maxsus yozilgan. 1960 yilda kompyuterning narxi 120 ming AQSH dollarini tashkil etdi, bu boshqa meynfreymlar narxidan ancha past edi. Biroq, PDP-1 unchalik mashhur emas edi.

PDP-1 kompyuteri

Tijoriy jihatdan muvaffaqiyatli bo'lgan birinchi DEC qurilmasi 1965 yilda chiqarilgan PDP-8 kompyuteri edi. PDP-1 dan farqli o'laroq, yangi tizim 12-bit edi. PDP-8 ning narxi 16 000 dollarni tashkil etdi, bu o'sha paytdagi eng arzon mini-kompyuter edi. Bunday arzon narx tufayli qurilma sanoat korxonalari va ilmiy laboratoriyalar uchun mavjud bo'ldi. Natijada ushbu kompyuterlarning 50 mingga yaqini sotildi. PDP-8 protsessorining o'ziga xos me'moriy xususiyati uning soddaligidir. Shunday qilib, u faqat to'rtta 12-bitli registrlarga ega edi, ular vazifalar uchun ishlatilgan har xil turdagi... Shu bilan birga, PDP-8 faqat 519 ta mantiqiy eshikni o'z ichiga olgan.

PDP-8 kompyuteri. "Kondorning uch kuni" filmidan lavha

PDP protsessorlarining arxitekturasi 4 va 8 bitli protsessorlarning dizayniga bevosita ta'sir ko'rsatdi, ular quyida muhokama qilinadi.

Intel 4004

1971 yil tarixga birinchi mikroprotsessorlar paydo bo'lgan yil sifatida kirdi. Ha, bugungi kunda shaxsiy kompyuterlar, noutbuklar va boshqa qurilmalarda qo'llaniladigan bunday echimlar. Va birinchilardan bo'lib o'zini o'sha paytda yangi tashkil etilgan Intel kompaniyasi deb e'lon qildi va u 4004 modelini – dunyodagi birinchi tijoratda mavjud bo'lgan yagona chipli protsessorni ishga tushirdi.

To'g'ridan-to'g'ri 4004 protsessoriga o'tishdan oldin, Intelning o'zi haqida bir necha so'z aytishga arziydi. U 1968 yilda muhandislar Robert Noys va Gordon Mur tomonidan yaratilgan, ular shu paytgacha Fairchild Semiconductor va Endryu Grove manfaati uchun ishlagan. Aytgancha, taniqli "Mur qonuni" ni nashr etgan Gordon Mur edi, unga ko'ra protsessordagi tranzistorlar soni har yili ikki baravar ko'payadi.

1969 yilda, tashkil etilganidan bir yil o'tgach, Intel

Yaponiyaning Nippon Calculating Machine (Busicon Corp.) kompaniyasidan yuqori samarali ish stoli kalkulyatorlari uchun 12 mikrosxema ishlab chiqarish uchun buyurtma oldi. Mikrosxemalarning dastlabki dizayni Nipponning o'zi tomonidan taklif qilingan. Biroq, bu arxitektura Intel muhandislariga yoqmadi va Amerikaning Ted Xoff kompaniyasining xodimi universal mikrosxemalar sonini to'rttaga qisqartirishni taklif qildi. Markaziy ishlov berish bloki, arifmetik va mantiqiy funktsiyalar uchun kim javobgar bo'ladi.

8080 protsessori yuqori ishlashi tufayli juda mashhur bo'ldi. U hatto ko'cha yoritgichlari va svetoforlarni boshqarish tizimlarida ham qo'llanilgan. Biroq, u asosan yilda ishlatilgan kompyuter tizimlari, ulardan eng mashhuri 1975 yilda taqdim etilgan MITS Altair-8800 kompaniyasining rivojlanishi edi.

Bazada Altair-8800 ishlagan operatsion tizim Altair BASIC va S-100 interfeysi avtobus sifatida ishlatilgan, bir necha yil o'tgach, u barcha shaxsiy kompyuterlar uchun standart bo'ldi. Kompyuterning texnik xususiyatlari oddiyroq edi. Unda bor-yo'g'I 256 bayt operativ xotira bor edi va klaviatura va monitor yo'q edi. Foydalanuvchi ikkilik shaklda dasturlar va ma'lumotlarni kiritish, ikkita pozitsiyani egallashi mumkin bo'lgan kichik tugmalar to'plamini bosish orqali kompyuter bilan o'zaro aloqada bo'ldi: yuqoriga va pastga. Natija ikkilik shaklda ham o'qildi – o'chirilgan va yonib turgan lampalar. Biroq, Altair-8800 shu qadar mashhur bo'ldiki, MITS kabi kichik kompaniya kompyuterlarga bo'lgan talabni qondira olmadi. Kompyuterning mashhurligiga uning arzonligi – 621 AQSh dollari bevosita yordam berdi. Shu bilan birga, qismlarga ajratilgan kompyuterni 439 dollarga sotib olish mumkin edi.

Altair-8800 kompyuteri

8080 mavzusiga qaytsak, bozorda ko'plab klonlar mavjudligini ta'kidlash kerak. O'sha paytdagi marketing vaziyati biz ko'rib turganimizdan tubdan farq qilar edi va Intel 8080 nusxalarini yaratish uchun uchinchi tomon litsenziyalarini berish foydali edi. Klonlar National Semiconductor, NEC, Siemens va boshqa yirik kompaniyalar tomonidan ishlab chiqarilgan. AMD. Ha, 70-yillarda AMD hali o'z protsessorlariga ega emas edi – kompaniya faqat o'z zavodlarida boshqa kristallarning "remeyklarini" chiqarish bilan shug'ullangan.

Qizig'I shundaki, 8080 protsessorining mahalliy nusxasi ham bor edi.U Kiev mikroqurilmalar ilmiy-tadqiqot instituti tomonidan ishlab chiqilgan va KR580VM80A deb nomlangan. Ushbu protsessorning bir nechta variantlari chiqarildi, jumladan, harbiy inshootlarda foydalanish uchun.

"Mustaqil" KR580VM80A

1976 yilda paydo bo'ldi yangilangan versiya 8080 chipi, indekslangan 8085. Yangi kristall 3 mikronli texnologik texnologiyadan foydalangan holda ishlab chiqarilgan, bu chipga 6500 tranzistorni joylashtirish imkonini berdi. Protsessorning maksimal soat tezligi 6 MGts edi. Qo'llab-quvvatlanadigan ko'rsatmalar to'plamida 79 ta ko'rsatmalar mavjud bo'lib, ular orasida uzilishlarni boshqarish bo'yicha ikkita yangi ko'rsatma ham bor edi.

Zilog Z80

8080 chiqarilgandan keyingi asosiy voqea Federiko Faginning ishdan bo'shatilishi edi. Italiyalik futbolchi kompaniyaning ichki siyosatiga rozi bo'lmadi va ketishga qaror qildi. Intelning sobiq menejeri Ralf Ungermann va yapon muhandisi Masatoshi Shima bilan birgalikda u Zilog kompaniyasiga asos solgan. Shundan so'ng darhol arxitekturasi bo'yicha 8080 ga o'xshash yangi protsessorni yaratish boshlandi.Shunday qilib, 1976 yil iyul oyida 8080 ga ikkilik mos keladigan Zilog Z80 protsessori paydo bo'ldi.

Federiko Fagin (chapda)

Intel 8080 bilan solishtirganda, Zilog Z80 kengaytirilgan ko'rsatmalar to'plami, yangi registrlar va ular uchun ko'rsatmalar, yangi uzilish rejimlari, ikkita alohida registr bloklari va o'rnatilgan to'pni qayta tiklash sxemasi kabi ko'plab yaxshilanishlarga ega. Bundan tashqari, Z80 narxi 8080 dan ancha past edi.

Texnik xususiyatlariga kelsak, protsessor N-MOS va CMOS texnologiyalaridan foydalangan holda 3 mikronli texnologik standartlarga muvofiq ishlab chiqarilgan. Z80 8500 tranzistorni o'z ichiga olgan va uning maydoni 22,54 mm 2 edi. Z80 ning soat tezligi 2,5 dan 8 MGts gacha bo'lgan. Ma'lumotlar avtobusining kengligi 8 bit edi. Protsessorda 16 bitli manzil shinasi mavjud bo'lib, manzilli xotira hajmi 64 KB edi. Z80 bir nechta shakl omillariga ega: DIP40 yoki 44 pinli PLCC va PQFP.

MIKROPROTSESSORNING TUZILISHI

Mikroprotsessor tarkibiga quyidagilar kiradi:

Boshqaruv Qurilmasi (BQ) – oldin bajarilgan operatsiyalarning natijalari va ayni fursatda bajarilayotgan operatsiyadan kelib chiqadigan muayyan boshqaruv signallarini (boshqaruv impulslarini) shakllantirib, mashinaning barcha bloklariga zaruriy fursatlarda uzatib boradi, bajarilayotgan operatsiyada foydalaniladigan xotira uyalarining manzillarini shakllantirib, ularni EHMning tegishli bloklariga uzatadi, mazkur boshqaruv qurilmasi impulslarning asosiy izchilligini taktli impulslar generatoridan oladi;

Arifmetik-Mantiqiy Qurilma (AMQ) – sonli va belgili axborot bilan bajariladigan barcha arifmetik va mantiqiy operatsiyalarni amalga oshirish uchun mo'ljallangan (ShKning ayrim modellarida operatsiyalar ijrosini jadallashtirish uchun

AMQga qo'shimcha matematik soprotsessor ulanadi);

Mikroprotsessor Xotirasi (MPX) – mashina ishining bevosita taktlarida bajarilayotgan hisob ishlarida qo'llaniladigan axborotni qisqa muddatga yozib

Olish va aks ettirish (uzatish) uchun xizmat qiladi. Negaki, asosiy xotira qurilmasi (AXQ) doim ham tez ishlovchi mikroprotsessor samarali ishlashi uchun zarur bo'ladigan axborot yozish, qidirish va hisoblab chiqarish tezligini ta'minlay olmaydi;

Registrlar – uzunligi turlicha bo'la oladigan tez ishlovchi xotira uyalari (standart uzunligi 1 bayt ga teng va ish tezligi ancha past bo'lgan AXQ uyalaridan farq qiladi); Mikroprotsessorning Interfeys Tizimi – ShKning boshqa qurilmalari bilan ulanib, aloqa bog'lashni ta'minlaydi; o'z ichiga Mpning ichki interfeysi va xotirada saqlovchi bufer registrlarni hamda kiritish-chiqarish portlari (KChP) va tizim shinasini boshqarish sxemasini mujassam etadi.

Interfeys (ingl. Interface) – kompyuterda mavjud qurilmalarni o'zaro ulab, ular o'rtasida aloqa bog'lash va unumli hamkorligini ta'minlash uchun mo'ljallangan vositalar majmui.Kiritish-chiqarish porti (ingl. IG'O – InputG'Output port) – mikroprotsessorga ShKning boshqa qurilmasini bog'lash imkonini beruvchi ulash apparati.Shahsiy kompyuterlar uchun ishlab chiqariladigan integrallashgan va integrallashmagan protsessorlar mavjud bo'lib, CPU (Central Processing Unit)operatsiyalar bajarish uchun bo'lsa GPU (Graphics Processing Unit)- grafik ma'lumotlarni tashish uchun kerak bo'ladi.

Integrallashgan – CPU va GPU bitta integrallashgan platada joylashgan bo'lib yuqoridagi rasmda ham aniq ko'rinib turibdi. Misol uchun oladigan bo'lsak Intel kompaniyasining yangi Core iX turkumdagi

Integrallashgan platadan foydalanilgan

Inntegrallashmagan – CPU va GPU kata integrallashgan platada alohida holatda joylashgan bo'ladi. Bu rasmda ham chiroyli misol tariqasida keltirilgan.

Endi ularning texnik ko'rsatkichlari haqida fikr yuritsak. Ularni qo'ldan kelgancha keltirib o'tsak

• Mikroprotsessorning arhitekturasi;

• Mikroprotsessorning yadrolar soni (Core);

• Mikroprotsessorning chastotasi (GHz);

• Mikroprotsessorning kesh xotirasi (Chache);

• Mikroprotsessorning o'lchamli texnologiyasi (nm);

• Mikroprotsessor shinasining chastotasi (FSB);

• Mikroprotsessor controller bilan bog'lanish tezligi (QPI); va boshqalar

Mikroprotsessor arxitekturasi – foydalanuvchi nuqtai

nazaridan qaraladigan mantiqiy tuzilish bo'lib, MP tizimini tuzish uchun zarur bo'ladigan funktsiyalarning apparatlar va dasturlar vosita amalga oshirilishiga ko'ra mikroprotsessorda joriy etiladigan imkoniyatlarni belgilab beradi. X86(x32) va x64 kabi ifodalarga ko'plab duch kelammiz va shu protsesorning arhitektusining belgisi hisoblanadi

Mikroprotsessorning yadrolar soni- parallel ravishda ma'lumotlarni qayta ishlovchi ko'rsatkichi bo'lib bu qancha ko' sinli bo'lsa kompyuter ma'lumotlarni tezroq qayta ishlashga erishadi. Bu ikkaga karrali ravishda o'sib boradi. Masalan 1,2,4 va hokazo Mikroprotsessorning chastotasi – bu kompyuterning taktik tezligi bo'lib, hozirgi kunda GHz larda o'lchanmoqda (operatsiyalar soni / sekund) sekundiga sodir bo'la oladigan amallar soni. Bu ko'rsatkich qancha yuqori bo'lsa ko'p funktsiyali dasturlar va o'yinlarda qo'lkeladi.Hozirgi kunda normar chastota 2.5GHz-

3.6 GHz atrofida qo'llanilmoqda. Lekin odatda bu parametr uncha katta qiymatda ishlamaydi. O'rtacha 400-1000 MHz qismini ishlatiladi. Bazan esa 100 Mhz ham ishlab turaveradi.

Mikroprotsessorning kesh hotirasi – Kompyuter platasidagi yagona sinxron ishlovchi hotira qismi bo'lib operatsiyalarning ehtimolligini bashorat qiluvchi va opratsiyalarni ketma ketlik algoritmini saqlab turuvchi vazifasini o'taydi. Bu hotira hozirgi kunda 3 bosqichdan iborat bo'lib L1,L2 va L3 deb belgilanadi. Optimal variant L2 bosqich 2MB L3 bosqich esa 4-6MB bo'lib kelmoqda.

Mikroprotsessorning o'lchamli texnologiyasi – Bu bo'lim protsessorning quvvat sarflaydigan parametrini ifodalab uning mikro ko'rinishdagi holati haqida ahborot beradi.Masalan hozirgi kunda 40-9 nm lik ashyolardan foydalangan holda mikroprotsessorlarni yasab kelishmoqda.Mikroprotsessor shinasing chastotasi – Bu protsessorni controller va RAM bilan bog'lovchi transport hisoblanadi. Ko'zga ko'ringan holatlari 1333MHz 2666 MHz. Mikroprotsessor va controller va boshqa mikrosxemalar bilan bog'lanish tezligi- Parallel polosali uzatish liniyasi bo'lib ma'lumotlarni Core-Core va CoreChipset yo'nalishda tashiydi Hozirgi kunda 5.6-25.6 GT/s normal hisoblanadi.

Intel, AMD ,Motorola kompaniyalari ozlarining turi hil mikroprotsessorlarini ishlab chiqarmoqda. Yetakchilari Intel va AMD bo'lib hozirda juda kuchli protsessorlari mavjud. Intel firmasining Celeron, Pentium, Core iX ,Xeon markali ;AMD firmasining

Ryzen, Athlon, A-Series,

G-Series, R-Series, Epyc va shu kabilar.

Endi birorta Intel protsessorini ko'rib chiqsak misol uchun Intel Core i9 9900 seriyasi

10 yadroli, 3.5 GHz va max 4.4GHz lik CPU, 19.25 MB smart kesh hotira, QPI 8GT/s, Quvvati 165 W. Arxitekturasi x86 x64 AMD firmasining AMD Ryzen Threadripper 3990x markali protsessorini ko'rib chiqsak yaderlar soni-64 ta, Potokar soni 128 ta, bazaviy chastota-2.9 GHz, max chastota–4.3GHz L1=4MB, L2=32MB,e'tibor bering L3=256MB(AMD EPYC 7742 da ham shunday), shina chastotasi=3200MHz, arxitekturasi x32 x64 . Bu firmaning yana bir a'zosi bo'lmish AMD EPYC 3000 bir hususiyati bilan lol qoldiradi. Uning integrallashgan tizimi yordamida e'tibor bering 4 kanalli (DDR4) 1TB gacha RAMni qabul qila olar ekan, bu shunchaki mo'jiza.

OPERATIV XOTIRA – bu protsessorning ishchi sohasidir. Unda ish vaqtidagi barcha programma va malumotlar saqlanadi. Operativ xotira kopincha vaqtinchalik xotira deb ham ataladi, chunki undagi programma va malumotlar faqat kompyuter yoqigligida yoki kompyuter qayta yuklangunicha saqlanadi. Kompyuter ochirilishidan yoki qayta yuklanishidan oldin barcha malumotlar saqlab qoyilishi lozim. Operativ xotira bazida ixtiyoriy murojat qilish mumkin bolgan saqlash qurilmasi deb ham yuritiladi. Buning manosi shundan iboratki operativ xotiradagi malumotlarga murojat undagi malumotlarning ketmaketligiga bog`liq emas.

Operativ xotirani quyidagi parametrlari bor:

Tip. Operativ xotirani bugungacha bir necha xil tip (tur)lari bor.

1. SIMM;

2. DIMM;

3. DDR2 4. DDR3

Bular bir-biridan ko'rinishi, xotira xajm, chastotasi va boshqa parametrlari bilan farqlanadi.

Mikro EXM markaziy protsessori xisoblash ishlarini xamda EXM ning qolgan funktsional qurilmalari ishini muvofiqlashtiradi. EXM funktsional bloklari orasidagi aloqa 17.2-rasmda keltirilgan. Unda alohida ulanuvchi shinalar ko'rsatilgan. Masalan, sakkiz xonali son sakkiz liniyali shina orqali uzatiladi.

Mikroprotsessorning struktura sxemasi 17.3-rasmda keltirilgan. Mikroprotsessorga kiruvchi boshqaruvchi qurilma takt generatoridan berilayotgan impulg'slar bilan sinxronlashtiriladi va u o'z navbatida protsessordagi boshqa qurilmalar ishini sinxronlaydi. Ularga buyruqlar xisoblagichi umumiy ishlarni bajaruvchi registr va akkumulyator deb ataluvchi registr kiradi. Buyruqlar xisoblagichi bo'lib, navbatdagi bajariladigan buyruq saqlanayotgan registr xizmat qiladi. Mikroprotsessor bosh registri bo'lib, akkumulyator xisoblanadi. Arifmetik va mantiqiy operatsiyalarni bajarishda, u bajarilgan operetsiya natijalarini xotirada saqlovchi qurilma va birorta operand (operand –opretsiyalar bajariladigan obhekt kattaligi masalan, arifmetik operand – sonlaridan iborat: qo'shishda – qo'shiluvchi son) manbai bo'lib xizmat qiladi. Masalan, qo'shish operatsiyasida akkumulyatorda oldin birinchi qo'shiluvchi, so'ngra yig'indi yoziladi. Ayrim mikroprotsessorlarda bir nechta akkumulyator bo'ladi. Sonlar va adreslar ustida bajariladigan arifmetik va mantiqiy operatsiyalar boshqaruvchi qurilmadan beriluvchi impulg'slar bilan boshqariladigan arifmetik mantiqiy qurilma (AMQ) da bajariladi.

Umumiy ishlarni bajaruvchi registorlar o'ta opretiv xotirani tashkil qilib oraliq natijalar,adreslar va buyruqlarni vaqtincha saqlash uchun ishlatiladi. 17.3-rasmda keltirilgan.

Mikroprotsessorda keltirilgan registorlardan tashqari yana bir nechta registorlar mavjud bo'lib,ulardan («stek») deb ataluvchi registorlar muhim ahamiyatga ega. Bu registorning ishlash printsipi quyidagicha. Unga beriladigan axborot A, B, S, D…….. bo'lsin, deylik. Agar axbarot shu tartibda berilsa, undan axborot faqat …….D, S, B, A tartibda olinishi mumkin. Hajmi. Tipidan kelib chiqib bir-biridan farqlanadi. Ona platada operativ xotira qurilmasi uchun 2 va undan ortiq joy bo'lishi ham mumkin. Bugungi kunga kelib DDR3 turidagi operativ xotiralarni 3-4 Gb xajmlilari va undanda yuqori hajmlilari ham bor. DDR2 turidagi operativ xotiralarda 1-2 Gb yuqori hajm hisoblanar edi. Operativ xotirani xotira xajmi haqida gap ketganida operatsion tizimni ham hisobga olish kerak bo'ladi. Chunki agar, operatsion tizim maksimum 2 Gb malumot bilan ishlay olsayu, operativ xotira hajmi 8 Gb bo'lsa, unda qolgan 6 Gb ishlatilmay yotaveradi. Tuzlishi jihatidan DDR3 – DDR2 dan ancha kichikroq ko'rinishda bo'lsada, ko'pgina parametrlari undan yuqoridir.

Chastotasi. Bu ona plata bilan malumot almashish vaqtida operativ xotira kanalidan qanchadir vaqtda (masalan bir sekundda) necha marta malumot o'tish ko'rsatkichidir. Operativ xotira chastotasi haqida gapirilganda, ona platadagi operativ xotira portlari bilan mikroprotsessor orasidagi shinani chastotasini ham hisobga olish kerak, chunki operativ xotira chastotasi 1600 Mhz bo'lsayu, ona platadagi operativ xotirani mikroprotsessor bilan ulovchi shina chastotasi 1066 Mhz bo'lsa, unda maksimal operativ xotira va mikroprotsessor o'rtasidagi malumot almashish tezligi 1066 Mhz dan oshmay turaveradi.

Taymingi. Bu malumotni operativ xotira modullari orasida o'tayotganida ushlanib qoladigan vaqti hisoblanadi. Bunday parametrlar ko'p xisoblansada, asosiy 4 tasi quyidagilar:

1. CAS Latency

2. RAS to CAS Delay

3. RAS Precharge Time

4. DRAM cycle Time

Bu parametr operativ xotirani chastotasi bilan bog'liq bo'lib,qancha chastota katta bo'lsa, uni taymingi shuncha katta bo'lishi mumkin. Lekin bazi operativ xotira ishlab chiqaruvchi firmalarni mahsulotlarida "LOW Latency" degan yozuv bo'ladi. Bu "katta chastotada-kam ushlanib qolish vaqti" manosini beradi. Kuchlanish: operativ xotira uchun ketadigan tok kuchi kuchlanishi. Albatta bunday ko'rsatkichi kichkina bo'lgan operativ xotiralar bo'lgani yaxshi. Lekin chastota qanchalik katta bo'lgani sari unga kerak bo'ladigan tok kuchi kuchlanishi ham shunchalik katta bo'lib boraveradi. Bu parametr yuzasidan "LV"-Low Voltage markirovkali operativ xotiralarni xarid qilish maqsadga muofiq bo'ladi.

Operativ xotira degan atama kopincha faqat sistemani tashkil etuvchi mikrosxemalarni anglatmay, balki mantiqiy akslantirish va joylashtirish degan tushunchalarni ham oz ichiga oladi. Mantiqiy akslantirish – bu ornatilgan mikrosxemalarda adreslarni tashkil etish usulidir. Joylashtirish – bu aniq bir turdagi axborotni adreslar boyicha joylashdir. Biror ofisda qaysidir xodim kartotekadagi malumotni qayta ishlayapti deb tasavvur qilaylik. Bizning misolda kartoteka vazifasini programma va malumotlarni uzoq vaqt saqlovchi qattiq disk bajaradi. Joriy vaqtda xodim qayta ishlayotgan ishchi stolni sistemaning operativ xotirasi tasvirlaydi. Xodimning ozi esa protsessorga oxshagan ish bajaradi. U stoldagi barcha hujjatlarga murojaat qila oladi. Biroq aniq bir hujjat stolda bolishidan oldin uni kartotekadan qidirib topish kerak. Agar ishchi stol kerakli darajada katta bolsa unda bir vaqtning ozida bir necha hujjat bilan ishlash mumkin. Sistemaga qoshimcha qattiq disk qoshish huddi ofisga yangi kartoteka qoshilganday – kompyuter doimiy ravishda koproq malumot saqlay oladi. Sistemadagi operativ xotirani ortirish ofisdagi ishchi stolni kengaytirish demakdir – kompyuter bir vaqtning ozida koproq programma va ma'lumotlar bilan ishlay oladi.

ARIFMETIK MANTIQIY QURILMA

AMQ-raqamli va belgili axborotlar ustida barcha arifmetik va mantiqiy operatsiyalarni bajarish uchun moljallangan qurilma.

Boshqaruv qurilmasi- kompyuterning barcha qurilmalari ishini boshqaradi, muvofiqlashtiradi

Xotira – ma'lumotlarni tezkor xotiradan o'qish va bajarishga hozirlash uchun ikkita 1-darajali va 2-darajali kesh xotiradan foydalaniladi.

Boshqaruv qurilmasi

Boshqaruv qurilmasi funktsional jihatdan ShKning eng murakkab qurilmasi sanaladi. Ushbu qurilma yo'riqlarning kodli shinasi (YKSh) vositasida mashinaning barcha bloklariga yetib boradigan boshqaruv signallarini shakllantiradi.

Arifmetik-mantiqiy qurilma kontseptsiyasi 1945da Djon fon Neymann tomonidan EDVAC nashriyotida taklif etilgan. U klassik fon-Neymann kompyuter arxitekturasining tarkibiy qismlaridan biri hisoblanadi.

DOIMIY XOTIRA QURILMASI

TEZKOR XOTIRA QURILMASI

KIRITISH

QURILMASI

CHIQARISH

QURILMASI

PROTSESSOR

AMQ

QB

Aritmetik-mantiqiy qurilma (AMQ; ing. Arithmetic logic unit, ALU) – nazorat qurilmasi tomonidan boshqariladigan protsessor birligi arifmetik va mantiqiy o'zgarishlarni (elementarlardan boshlab) bu holatda operandlar deb ataladigan ma'lumotlarga nisbatan amalga oshirishga xizmat qiladi. Operandlar soni odatda mashina so'zining kattaligi yoki uzunligi deb ataladi.

AMQ arifmetik (Q, – , *, ☺ operatsiyalarni faqat so'nggi razryaddan so'ng qayd etilgan vergulli ikkilik axborotga, ya'ni faqat butun ikkilik sonlarga nisbatan bajaradi.

Arifmetik-mantiqiy qurilma ta'rifi

Arifmetik va mantiqiy amallar bajariladigan qurilma arifmetik-mantiqiy qurilma (AMQ) deb ataladi.

Sodda amallar ketma-ketligi ko'rinishida ifodalangan masalalarni avtomatik ravishda yechish uchun berilganlarni, oraliq va olingan hisoblash natijalarini saqlashga, hamda oddiy amallarni bajarish tartibi haqidagi ma'lumotlarni saqlashga imkon beruvchi qurilma talab etiladi. Bunday qurilma xotira deb ataladi.

Raqamli mikrosxemalar fan va texnikaning ixtiyoriy masalasini yecha oladilar. Buning uchun raqamli mikrosxema asosidagi qurilmada, yechiladigan masalaning dastlab berilganlari haqidagi mahlumotlar, yechish algoritmi va hisoblash natijalari faqat ikkita qiymat: 0 va 1 signallari ko'rinishida ifodalanadi. Ikkilik raqamlari ketma-ketligi yordamida raqamli qurilmalarda ixtiyoriy mahlumolarni (raqamlar, matnlar, komandalar va x.z.) kodlash, saqlash va qayta ishlash mumkin. Shunday qilib, raqamli tizimlarda o'zgaruvchan va o'zgarmas (doimiy) kattaliklar raqamlar ko'rinishida ifodalanadi. Shuning uchun ularda masalalar yechishning sonli usullari ko'llaniladi.

Masala yechishning sonli usuli – bu sonlar ustida bajariladigan arifmetik amallar (operatsiyalar) ketma-ketligidir. Echilishi talab etilayotgan masala, odatda, oddiy matematik tilda (tenglama, funksiya, differensial operandlar va shu kabilar) shakllanadi. Shuning uchun ixtiyoriy matematik masalani echish uchun sonli usullar yordamida nisbatan sodda arifmetik amallarga olib kelish kerak. Masalan, shart bo'yicha funksiyani hisoblash uchun uni qatorga yoyish mumkin,

Yaxni sinusni hisoblash uchun arifmetik amallar ketma-ketligini bajarish kifoya.

Bu vaqtda raqamli qurilma faqat arifmetik amallarni emas, balki hisoblash jarayonlarini avtomatlashtirishga yordam beruvchi amallarni ham echish imkoniga ega bo'lishi kerak. Mantiqiy amallar, boshqaruv amallari va bir qator boshqa amallar bularga misol bo'la oladi.

Arifmetik va mantiqiy amallar bajariladigan qurilma arifmetik-mantiqiy qurilma (AMQ) deb ataladi.

Sodda amallar ketma-ketligi ko'rinishida ifodalangan masalalarni avtomatik ravishda echish uchun, berilganlarni, oraliq va olingan hisoblash natijalarini saqlashga, hamda oddiy amallarni bajarish tartibi haqidagi mahlumotlarni saqlashga imkon beruvchi qurilma talab etiladi. Bunday qurilma xotira deb ataladi.

Barcha turdagi AMQlar uchun ayiruv, mantiqiy ko'paytiruv, mantiqiy qo'shuv, istisnoli YOKI, inversiya, o'ngga siljish, chapga siljish, musbat orttirma (inkriment), manfiy orttirma (dekrement) arifmetik amallarini bajarish majburiy hisoblanadi. Majburiy amallar apparat vositalari yordamida amalga oshiriladi, yaxni talab etilgan ishni bajarish uchun mahlumotlar mahlum mikrosxemalardan oʻtishi kerak. Majburiy amallar sodda amallar deb ataladi. AMQlar arifmetik koʻpaytiruv va boʻluv kabi nisbatan murakkab amallarni bajarmaydi. Shuning uchun bu amallar sodda amalllarning dasturiy kombinatsiyasi yordamida bajariladi. Bu usul amallarni bajarishning mikrodasturiy usuli deb ataladi. AMQlar EHMning asosiy tugunlaridan hisoblanadi.

AMQlar 2-,4-,8-,16-razryadli amallarni bajaruvchi alohida mikrosxemalar yoki KISlar tarkibida ishlab chiqariladi.

Sanoatda ishlab chiqarilayotgan AMQ mikrosxemalari iqkita oʻzgaruvchi ustidan 16 ta mantiqiy va ularga mos keluvchi 16 ta arifmetik amallarni bajaruvchi toʻliq majmuadan tashkil topgan. Ularning roʻyxati 5.8 – jadvalda keltirilgan. AQM koʻp turli amallarni bajarishga moʻljallangani bilan, koʻproq arifmetik qoʻshuv va ayiruv (45% gacha) va arifmetik koʻpaytiruv (50% gacha) amallarini bajaradi.

Eng koʻp qoʻllaniladigan 8 yoki 4 ta mantiqiy amallar: konhyunksiya, dizhyunksiya, inversiya, istisnoli YOKI va x.z., va ularga mos keluvchi arifmetik amallarni bajaruvchi AMQlar ham ishlab chiqariladi.Summator – kirish qismiga kelayotgan ikkilik sonli kodlarni qoʻshish amalini bajaruvchi hisoblash sxemasi boʻlib, mashinaning ikkilangan soʻziga oid razryadlik darajasiga ega.

Uzunligi turlicha boʻlgan tez ishlovchi xotira registrlari: 1-registr (Pr1) ikkilangan soʻz, 2- registr (Pr2) esa bitta soʻzga oid razryadlik darajasiga ega.

Operatsiya bajarilayotgan paytda Pr1 ichida operatsiyada ishtirok etayotgan birinchi son, operatsiya yakuniga yetgach

– natija joylashadi;

Pr2 ichida esa operatsiyada ishtirok etayotgan ikkinchi son joylashib, operatsiya yakuniga yetgach, uning ichidagi axborot o'zgarmay qoladi. 1- registr axborotni ma'lumotlarning kodli shinasidan olishi va xuddi shu shinasi orqali uzatishi mumkin.

Boshqaruv sxemasi yo'riqlarning kodli shinasi orqali boshqaruv qurilmasidan boshqaruv signallarini qabul qilib, registrlar va AMQ summatori ishini boshqarish uchun mo'ljallangan signallarga aylantiradi.

MQ arifmetik (+, - , *, ☺ operatsiyalarni faqat so'nggi razryaddan so'ng qayd etilgan vergulli ikkilik axborotga, ya'ni faqat butun ikkilik sonlarga nisbatan bajaradi.

O'zgaruvchan vergulli ikkilik sonlar hamda ikkilik-kodlashgan o'nli. Sonlarga nisbatan operatsiyalar ijrosi matematik soprotsessor yoki maxsus tuzilgan dasturlar jalb etilgan tarzda bajariladi.

REGISTRLAR

Registr — 1) raqamli hisoblash mashinasi (RHM) ning kodlarni xotirlashga mo'ljallangan elementi. Har qaysi RHM da turli ishlarga mo'ljallangan R. to'plami bo'ladi (Mas, markaziy boshqarish registri). R.ning soni, razryadi va konstruktiv xususiyatlari RHMning umumiy strukturasiga, komandalar tizimiga, R.ning funksional vazifasiga, RHM ning element bazasiga bog'liq bo'ladi; 2) avtomat telefon va telegraf st-yalari hamda aloqa uzellarida biron manzilga yuboriladigan abonent axborotlarini raqamlar shaklida qabul qiluvchi va yozib oluvchi qurilma. Yozib olingan axborotdan aloqa o'rnatishda, aloqa uchun xizmat haqini hisoblashda foydalaniladi; 3) xuquqiy ahamiyatga ega bo'lgan, ro'yxat, hisobiy hujjat, qaydnoma.[1]

Registrlar turlari va tasnifi

Tezkor xotiraning yacheykalari bilan birgalikda qisqa vaqtli tezkor ma'lumotlarni

Registrlarda saqlash ham mumkin. Registrlar protsessor tarkibiga kiradi va dasturlash

Orqali ularga murojaat o'rnatilishi mumkin.

Registlarga murojaat xotira yacheykalariga nisbatan tezroq bajariladi, shuning uchun registrlarni ishlatish dastur ishini sezilarli darajada tezlashtiradi.intel firmasining protsessorlarida registrlar 2 guruxga bo'linadi: sistemali va amaliy maqsadga yo'naltirilgan. Quyida foydalanuvchiga mo'ljallangan amaliy maqsadga yo'naltirilgan registrlarni ko'rib chiqamiz. Registr guruhlari tasnifi

Registr o'zining strukturaviy tuzilishiga ko'ra 8 razryadli, 16 razryadli, 32 razryadli bo'ladi. Registrlarni quyidagi guruhlarga bo'lish mumkin:

1) Umumiy foydalanishga mo'ljallangan registrlar

2) Segment registrlar

3) Flag registrlar

4) Buyruq registrlar

5) Soprotsessor registrlari

6) MMX kengaytmali butun sonli registrlar

7) MMX kengaytmali oʻnlik nuqtasi siljuvchan sonlar bilan ishlovchi registrlar

Umumiy foydalanishga muljallangan registrlar 8 ta

- akkumlyator

- baza registr

- hisobchi registr

- maʼlumotlar registr

- manba indeksi

- qabul qiluvchi indeks

- baza koʻrsatgichi

- stek koʻrsatgich

Segment registrlar asosan 6 ta shulardan 3 tasi asosiy, 3 tasi yordamchi, qoʻshimcha

- stek segmenti

- kod segmenti

DS – maʼlumotlar segmenti

Qoʻshimchalar: ES,FS,GS-qoʻshimcha segment registri

Flag registri

Flag registri 1 ta, undagi har bir razryad maʼlum bir vazifani bajarishga moʻljallangan.Shunga kura flag razryadlarini 2 guruhga boʻlish mumkin

1) Holat flaglari

2) Boshqarish flaglari

Holat flagiga quyidagilar kiradi:

00 – razryad CF – o'tkazish flagi

02– razryad PF-qiymatning juftligini tekshiradi

04– razryad AF-qo'shimcha o'tkazish flagi

06– razryad ZF-nol flag

07– razryad SF-ishora flagi

11– razryad OF-to'lib-toshish flagi

12-13 – razryadlar IOPL-kiritish chikarish darajasini belgilash flagi

14– razryad NT-masala berilishi flagi

Boshqarish flaglari

08– razryad TF-qopqon flagi

09– razryad IF-uzulishlar flagi

10– razryad DF-yo'nalish flagi

16– razryad RF-yangilash flagi

17– razryad VM-vertual rejim flagi

18– razryad AC-taqqoslashni nazorat qilish flagi

19– razryad VIF-uzulishning virtual flagi

20– razryad VIP-koldirilgan uzulishlar flagi

21– razryad ID-protsessorni identifikatsiyasini qoʻllash

Buyruq registri 1 ta boʻlib, uning vazifasi navbatdagi bajariladigan buyruqni saqlash.

Soprotsessor registrlari

Soprotsessor registrlar oʻnli nuqtasi siljuchi sonlar bilan ishlashga moʻljallangan boʻlib ularda st(0) dan st(7) gacha boʻlgan 8 ta registrdan foydalaniladi. Ularning har biri 80 ta razryadga ega.Multimedia kengaytmali butun sonli registrlar MMX0-MMX7 boʻlgan registrlardan foydalaniladi. Bu registrlar multimediaga ma'lumotlarni qayta ishlashga moʻljallangan ularning har birida 64 ta razryad mavjud.Oʻnli nuqtasi siljuvchi multimedia kengaytmali registrlarga XMM0-XMM7 gacha boʻlgan registrlar kiradi. Oʻnli nuqtasi siljuvchi multimedia vositalarini qayta ishlashga moʻljallangan har bir registr 128 ta razryaddan iborat. Pentium 2 dan boshlab joriy etilgan.Mikroprotsessorning sistemali registrlari ushbu registrlarning nomidan koʻrinib turibdiki ular sistemada maxsus funksiyalarni bajaradi. Aynan shu registrlar himoyalangan rejim ishini ta'minlaydi.Shuningdek ularni mohir dasturlovchi turli xil amallarni bajarish uchun dastur tuzishga toʻsqinlik qilmaydigan mikroprotsessorning maxsus qismi deb qarasa boʻladi.

Sistema registrlari 3 guruhga boʻlinadi:

Boshqarish registrlari – 1 ta

Sistema adreslari registrlari – 4 ta

Otladka registrlari – 6 ta.

Pentium mikroprotsessorlari uchun quyidagi o'zgarishlari kiritilgan oldin band qilib qo'yilgan CR4 boshqarish registrlari qo'llanilgan.MSR registrlar guruxi kiritilgan.

Boshqarish registrlari Mikroprotsessorning sistemali registrlari

Boshqarish registrlari guruxiga beshta registr kiritilgan, CR0, CR1, CR2, CR3, CR4. Bu registrlarning vazifasi butun sistema ishini boshqarish hisoblanadi. Mikrolprotsessor beshta boshqarish registrlariga ega bo'lsa ham, ulardan faqat to'rtasi ishlatiladi. CR1 registri ishlatilmaydi, chunki uning funksiyasi aniqlanmagan.

CR0 registri mikroprotsessorning holatini va uning ish rejimiga tasvir etuvchi sistema flaglaridan tashkil topgan. Quyida ular bilan tanishamiz:

Qaysi ish rejimida ishlayotganini ko'rsatadi. Agar uning qiymati 1 bo'lsa, himoya rejimi, 0 bo'lsa real rejim.

MP(math present) soprotsessor borligi .

O'tish (pereklyuchatel zadach).

Ekislash maskasi, ushbu bit tekislashni boshqaradi.

Kesh xotirani ta'kiklash, ushbu bit AM=1 da kesh xotira borligiga ruxsat beradi, AM=0 bo'lsa ta'kiklaydi.

Hifalashda ruxsat berish (Pg=1) yoki ta'kidlash (Pg=0)

CR2 registri tezkor xotiraning sahifa rejimida ishlatilib ma'lum vaziyatdan chiqib ketishga mo'ljallangan. Ushbu vaziyat quyidagicha:

Agar buyruq xotirada joriy vaqtda bo'lmagan sahifa adresiga

murojaat qilsa,mikroprotsessor ushbu adresni CR2 registriga yozib qoʻyadi. Shu ma'lumotga qarab kerakli sahifa topiladi va xotiraga yuklanadi.CR3 registri ham xotiraning sahifalashda ishlatiladi. Ushbu registrni birinchi darajali sahifalar katalogi registri deb atasak boʻladi.CR4 Pentium mikroprotsessorlarining turli modellariga paydo boʻlgan elementlarni xaakterlaydi.Sistema adreslar registri, ushbu registrlar shuningdek xotirani boshqarish registrlari deb ham ataladi. Ular mikroprotsessorning multiamalli holatida ma'lumotlarni va dasturlarni himoyalash uchun qoʻllaniladi. Himoyalangan rejimda mikroprotsessor adresli muhiti 2 ga boʻlinadi:

Global – barcha vazifalar uchun umumiy

Lokal – har bir vazifa uchun alohida.

Mikroprotsessor tarkibida quyidagi sistemali registrlar mavjud:

Tor table register) 48 bit oʻlchamga ega, shundan 32 bit global deskriptor jadvali va 16 bit GDT jadvali chegarasi.

LDTR(local descriptor table register) 16 bit oʻlchamga ega va LDT deskriptor jadvali

Spektorini oʻz tarkibida saqlaydi.IDTR(interrupt descriptor table register) otladka registrlari, bu apparatli otladka uchun moʻljallangan registrlar guruhidir.Apparatli otladka vositasi birinchi marta i486 mikroprotsessorlarida paydo boʻldi.Apparatli qism tomonidan mikroprotsessor 8 ta otladka registridan iborat. Lekin real holda ularning faqatgina 6 tasi ishlatiladi.DR0, DR1, DR2, DR3 registrlari 32 bit razryadga ega va 4 ta uzulish nuqtasi adresini kursatishga xizmat qiladi. Dastur tomonidan yaraladigan har qanday adres DR0...DR3 Registrlari tarkibidagi adreslar bilan taqqoslanadi va mos tushgan holatda 1 raqamini otladka generatsiya qilinadi.DR6 –otladka holati registri deb ataladi. Ushbu registr bitlarini ko'rib chiqaylik:

B0 – agar ushbu bitda 1 o'rnatilgan bo'lsa, oxirgi uzulish DR0 registridan nazorat nuqta natijasida ro'y beradi.

V1 – V0 singari, faqat DR1 registridan nazorat nuqta natijasida ro'y beradi.

V2 – V0 singari, faqat DR2 registridan nazorat nuqta natijasida ro'y beradi.

V3 – V0 singari, faqat DR3 registridan nazorat nuqta natijasida ro'y beradi.

BD – otladka registrlarini himoyalash maqsadida ishdatiladi.

BS – eflages registrida tfq1 bo'lsa 1 ni qabul qiladi.

BT – qopqon bit ISSTq1 bo'lganda 1 ni qabul qiladi.

Ushbu registrlarda qolgan bitlar nollar bilan to'ldiriladi.

DR7 – otladkani boshqarish registri deyiladi.

Soprotsessor registrlari

Soprotsessor dasturiy modelida registrlarning 3 ta guruhini ko'rish mumkin:

• soprotsessor stekini tashkil etuvchi R0...R7 nomdagi 8 ta registr. Har bir registr

o'lchami 80 bitdan. Bu hol hisoblash algoritmlarini bajaruvchi qurilma uchun xarakterli hisoblanadi.

- Uchta xizmatchi registr:

SWR (status word regiter) – soprotsessor holatini ifodalovchi registr. SWR registrlarida oxirgi buyruq bajarilganda qanday cheklanish kelib chiqdi, soprotsessor stekining yuqorigi registrlari qaysiligini ko'rsatuvchi maydonlar mavjud.CWR (control word register) – soprotsessor ish rejimlarini boshqaradi. Ushbu registrdan maydonlarga qarab sonli hisoblashlar aniqligi, yaxlitlashni boshqarish, o'z ishlarini niqob qilish mumkin.TWR (tags word register) teg so'zlari R0..R7 registrlarining holatlarini boshqarish uchu ishlatiladi.3) ikkita ko'rsatish registrlari:DPR (data point regiter) ma'lumotlarni ko'rsatgich registri

- IPR (instruction poin register) buyruqlar ko'rsatiladi.
- Ular buyruq adres va ular operandi adresini eslab qolish uchun xizmat qiladi. Bu
- Ko'rsatgichlar qoidadan istiska holida bajariladigan qayta ishlash jarayonida ishlatiladi.

Registrlar deb, raqamli axborotni qabul qilish, xotirada saqlash, uni uzatish va shu axborotni kodini o'zgartiradigan qurilmaga aytiladi. Registr inglizcha so'zdan olingan bo'lib, yozuv jurnali (Jurnal registratsiy) degan ma'noni anglatadi. Registrda axborot 0 va 1 raqamlarining kombinatsiyasidan iborat sonlar ko'rinishida saqlanadi. Registrlar triger deb ataluvchi mantiqiy elementlar to'plamidan tashkil topgan va ularning soni mashina so'zining razryadlar soniga teng bo'ladi. Axborotdagi ikkilik kodning har bir razryadiga registrning bitta mos razryadi to'g'ri keladi. Registrlar axborotni xotirada saqlashdan tashqari ular quyidagi vazifalarni ham bajaradi.

1) Sonning kodini o'zgartirish;

2) Axborotni o'ngga va chap istalgan razryadga surish;

3) Ketma-ket kodlarni parallel kodlarga almashtirish va aksincha;

4) Ayrim mantiqiy amallarni bajarish;

Registrlar axborotni yozish usuliga qarab ketma-ket va paralel registrlarga bo'linadi. Registrda axborotni qabul qilish, siljitish va uzatish boshqaruvchi impulslar yordamida amalga oshiriladi. Boshqaruvchi impulsli signallar konyuktorlar orqali registrlarga tushadi. Registrlar axborotni uzatish usuliga qarab 2 turga bo'linadi: xotira (siljitmaydigan) registr; siljituvchi registr.

Siljituvchi registrlarni ko'ramiz.

Siljituvchi registr deb, boshqaruvchi taktli impuls ta'sirida ikkilik soni kodini bir yoki bir necha razryad o'ngga yoki chapga siljitadigan registrga aytiladi. Razryad setkasidan chiqib ketgan son yo'qoladi. Siljituvchi registrlar arifmetik va mantiqiy operatsiyalarni bajarish uchun ham qo'llaniladi. Qo'shni razryadli triggerlar orasiga kechiktiruvchi elementlar ulanadi. Katta razryadli trigerni hisobchining kirishiga ulangan. Son registrga 2 usulda yozilishi mumkin.

• Parallel kodlarda;

• Ketma – ket kodlarda.

Ketma – ket kodlar bilan sonni yozishda katta razryadli trigerni hisobchining kirishiga soni kichik razryaddan boshlab ketma – ket kodli signal impulsi ko'rinishida beriladi. Har bir razryad yozilgandan keyin siljituvchi impuls beriladi. Natijada yozilgan ikkilik son bir razryad o'ngga siljiydi. Siljituvchi impuls hamma trigerlarni 0 holatga keltiradi. Bu holda trigerlarda yozilgan birlik signal impulsi shu trigerlarning chiqishidan kichik razryadli trigerga ma'lum vaqt kechikib boradi. Trigerlardagi o'tkinchi protsesslar tugashi bilan registrdagi ikkilik son (kodli signal) kichik razryadga siljiydi. Registrda soni hamma razryadlar yozib bulingandan keyin "o'qish" komandasi bilan chiqishdagi kon'yunktorlar orqali parallel kodli shinaga uzatiladi. Parallel kod bilan soni yozishda signal kodi kodli shinaga beriladi. "Siljituvchi" komandasi bilan signal kodi bir razryad o'ngga siljiydi. N razryad siljitish uchun n marta siljituvchi impuls berish kerak. Shunday qilib bitta registr yordamida soni parallel kodini ketma – ket kodiga aylantirish mumkin. Sonni chapga siljitish uchun kichik razryadli trigerni birlik chiqishini kechiktiruvchi element orqali katta razryadli trigerni hisobchining kirishiga ulash kerak. Ko'pincha EHM larda zahira siljituvchi registrlar ham ko'p qo'llaniladi. Hozirgi paytda registrlar integral mikrosxema ko'rinishda ishlab chiqarilmoqda. Trigerlar, xotira va arifmetik qurilmaning asosiy elementi hisoblanadi. U 2 ta turg'un holatga ega bo'lgan elektron qurilmadir. U ikki kaskadli simmetrik qarshilikli kuchaytirgichdan iborat bo'lib kaskadlar orasida 100 % li musbat teskari bog'lanishi amalga oshirilgan. Hisoblash texnikasida trigerlar xotira qurilmasi sifatida qo'llaniladi. Trigger kirishiga beriladigan boshqaruvchi signal ta'sirida u bir turg'un holidan ikkinchi turg'un holatga o'tadi. Uning bitta turg'un holati mantiqiy 1 deb, ikkinchisi 0 deb qabul qilinadi. Trigerni kirishiga beriladigan har signalga muvofik u o'z holatini o'zgartirishi uchun hisobli kirish rejimi qo'llanildi. Buning uchun trigerni alohida kirishlari o'zaro birlashtirib ulanadi. Trigerlar amalda inersiyasiz bo'lib 1 sekunda 106 marta qayta-qayta ulanib turishi mumkin.Trigerlar asosida EHM larni registrlari, hisoblagichlari va jamlagichlari yig'iladi. Trigerlar integral mikrosxema asosida ish chiqilmokda. Trigerlar axborotni saqlash usuliga ko'ra asinxron va sinxron trigerlarga bo'linadi. Asinxron trigerlarda axborot vaqtning istalgan momentida kirish signalining o'zgarishi bilan o'zgarishi mumkin. Sinxron trigerlarda ularning chiqishlaridagi axborot vaqtning aniq momentida sinxron signal berilgandagina o'zgaradi.

Registrlar turlari va tasnifi

Tezkor xotiraning yacheykalari bilan birgalikda qisqa vaqtli tezkor ma'lumotlarni registrlarda saqlash ham mumkin. Registrlar protsessor tarkibiga kiradi va dasturlash orqali ularga murojaat o'rnatilishi mumkin. Registlarga murojaat xotira yacheykalariga nisbatan tezroq bajariladi, shuning uchun registrlarni ishlatish dastur ishini sezilarli darajada tezlashtiradi.Intel firmasining protsessorlarida registrlar 2 guruxga bo'linadi: sistemali va amaliy maqsadga yo'naltirilgan. Quyida foydalanuvchiga mo'ljallangan amaliy maqsadga yo'naltirilgan registrlarni ko'rib chiqamiz.

Registr o'zining strukturaviy tuzilishiga ko'ra 8 razryadli, 16 razryadli, 32 razryadli, 64 razryadli bo'ladi. Registrlarni quyidagi guruhlarga bo'lish mumkin:

1) Umumiy foydalanishga mo'ljallangan registrlar

2) Segment registrlar

3) Flag registrlar

4) Buyruq registrlar

5) Soprotsessor registrlari

6) MMX kengaytmali butun sO'nli registrlar

7) MMX kengaytmali o'nlik nuqtasi siljuvchan sonlar bilan ishlovchi registrlar

Umumiy foydalanishga muljallangan registrlar 8 ta

\# EAX/AX/AH/AL - akkumlyator

\# EBX/BX/BH/BL - baza registr

\# ECX/CX/CH/CL - hisobchi registr

\# EDX/DX/DH/DL - ma'lumotlar registr

\# SI/ESI - manba indeksi

\# DI/EDI - qabul qiluvchi indeks

\# BP/EBP – baza ko'rsatgichi \# SP/ESP – stek ko'rsatgich

Segment registrlar asosan 6 ta shulardan 3 tasi asosiy, 3 tasi yordamchi, qo'shimcha \# SS – stek segmenti

\# CS – kod segmenti

\# DS – ma'lumotlar segmenti

Qo'shimchalar: ES,FS,GS-qo'shimcha segment registri Flag registri

Flag registri 1 ta, undagi har bir razryad ma'lum bir vazifani bajarishga mo'ljallangan.

Shunga kura flag razryadlarini 2 guruhga bo'lish mumkin

1) Holat flaglari

2) Boshqarish flaglari

Holat flagiga quyidagilar kiradi:

00 – razryad CF – oʻtkazish flagi

02– razryad PF-qiymatning juftligini tekshiradi

04– razryad AF-qoʻshimcha oʻtkazish flagi

06– razryad ZF-nol flag

07– razryad SF-ishora flagi

11– razryad OF-toʻlib-toshish flagi

12-13 – razryadlar IOPL-kiritish chikarish darajasini belgilash flagi

14– razryad NT-masala berilishi flagi

Boshqarish flaglari

08– razryad TF-qopqon flagi

09– razryad IF-uzulishlar flagi

10– razryad DF-yoʻnalish flagi

16– razryad RF-yangilash flagi

17– razryad VM-vertual rejim flagi

18– razryad AC-taqqoslashni nazorat qilish flagi

19– razryad VIF-uzulishning virtual flagi

20– razryad VIP-koldirilgan uzulishlar flagi

21– razryad ID-protsessorni identifikatsiyasini qoʻllash

Buyruq registri 1 ta boʻlib, uning vazifasi navbatdagi

bajariladigan buyruqni saqlash. Soprotsessor registrlari

Soprotsessor registrlar o'nli nuqtasi siljuchi sonlar bilan ishlashga mo'ljallangan bo'lib ularda st(0) dan st(7) gacha bo'lgan 8 ta registrdan foydalaniladi. Ularning har biri 80 ta razryadga ega. Multimedia kengaytmali butun sO'nli registrlar MMX0-MMX7 bo'lgan registrlardan foydalaniladi. Bu registrlar multimediaga ma'lumotlarni qayta ishlashga mo'ljallangan ularning har birida 64 ta razryad mavjud. O'nli nuqtasi siljuvchi multimedia kengaytmali registrlarga XMM0-XMM7 gacha bo'lgan registrlar kiradi. O'nli nuqtasi siljuvchi multimedia vositalarini qayta ishlashga mo'ljallangan har bir registr 128 ta razryaddan iborat. Pentium 2 dan boshlab joriy etilgan.

Mikroprosessorning sistemali registrlari

Ushbu registrlarning nomidan ko'rinib turibdiki ular sistemada maxsus funksiyalarni bajaradi. Aynan shu registrlar himoyalangan rejim ishini ta'minlaydi. Shuningdek ularni mohir dasturlovchi turli xil amallarni bajarish uchun dastur tuzishga to'sqinlik qilmaydigan mikroprosessorning maxsus qismi deb qarasa bo'ladi. Sistema registrlari 3 guruxga bo'linadi:

Boshqarish registrlari – 1 ta   sistema adreslari registrlari - 4 ta   otladka registrlari - 6 ta.

Pentium mikroprosessorlari uchun quyidagi o'zgarishlari kiritilgan oldin band qilib qo'yilgan CR4 boshqarish registrlari qo'llanilgan. MSR registrlar guruxi kiritilgan. Boshqarish registrlari

Boshqarish registrlari guruxiga beshta registr kiritilgan, CR0, CR1, CR2, CR3, CR4. Bu registrlarning vazifasi butun sistema ishini boshqarish hisoblanadi. Mikrolprotsessor beshta boshqarish registrlariga ega boʻlsa ham, ulardan faqat toʻrtasi ishlatiladi. CR1 registri ishlatilmaydi, chunki uning funksiyasi aniqlanmagan. CR0 registri mikroprosessorning holatini va uning ish rejimiga tasvir etuvchi sistema flaglaridan tashkil topgan. Quyida ular bilan tanishamiz:

* PE (protect enoble) mikroprosessorning joriy vaqtida qaysi ish rejimida ishlayotganini koʻrsatadi. Agar uning qiymati 1 boʻlsa, himoya rejimi, 0 boʻlsa real rejim.   *   MP(math present) soprotsessor borligi .

* TS(task switched) amallar orasida oʻtish (pereklyuchatel zadach).

* AM(alignment mask) tekislash maskasi, ushbu bit tekislashni boshqaradi.

* CD(cache disable) kesh xotirani taqiqlash, ushbu bit AM=1 da kesh xotira borligiga ruxsat beradi, AM=0 boʻlsa taqiqlaydi.

PG(pa ging) xotirani sahifalashda ruxsat berish (Pg=1) yoki taʼkidlash (Pg=0)

CR2 registri tezkor xotiraning sahifa rejimida ishlatilib maʼlum vaziyatdan chiqib ketishga moʻljallangan. Ushbu vaziyat quyidagicha:

Agar buyruq xotirada joriy vaqtda boʻlmagan sahifa adresiga murojaat qilsa, mikroprosessor ushbu adresni CR2 registriga yozib qoʻyadi. Shu maʼlumotga qarab kerakli sahifa topiladi va xotiraga yuklanadi.

CR3 registri ham xotiraning sahifalashda ishlatiladi. Ushbu registrni birinchi darajali sahifalar katalogi registri deb atasak boʻladi.

CR4 Pentium mikroprosessorlarining turli modellariga paydo bo'lgan elementlarni xarakterlaydi.

Sistema adreslar registri, ushbu registrlar shuningdek xotirani boshqarish registrlari deb ham ataladi. Ular mikroprosessorning multiamalli holatida ma'lumotlarni va dasturlarni himoyalash uchun qo'llaniladi. Himoyalangan rejimda mikroprosessor adresli muhiti 2 ga bo'linadi:

Global – barcha vazifalar uchun umumiy   Lokal – har bir vazifa uchun alohida.

Mikroprosessor tarkibida quyidagi sistemali registrlar mavjud:

* GDTR(global descriptor table registr) 48 bit o'lchamga ega, shundan 32 bit global deskriptor jadvali va 16 bit GDT jadvali chegarasi.

* LDTR(local descriptor table registr) 16 bit o'lchamga ega va LDT deskriptor jadvali spektorini o'z tarkibida saqlaydi.

* IDTR(interrupt descriptor table registr)

* TR(task registr) 16 bitli vazifa registri

Otladka registrlari, bu apparatli otladka uchun mo'ljallangan registrlar guruhidir. Apparatli otladka vositasi birinchi marta i486 mikroprosessorlarida paydo bo'ldi. Apparatli qism tomonidan mikroprosessor 8 ta otladka registridan iborat. Lekin real holda ularning faqatgina 6 tasi ishlatiladi.

DR0, DR1, DR2, DR3 registrlari 32 bit razryadga ega va 4 ta uzulish nuqtasi adresini kursatishga xizmat qiladi. Dastur tomonidan yaraladigan har qanday adres DR0...DR3 registrlari tarkibidagi adreslar bilan taqqoslanadi va mos tushgan holatda 1 raqamini otladka generatsiya qilinadi.

DR6 –otladka holati registri deb ataladi. Ushbu registr bitlarini ko'rib chiqaylik:

B0 – agar ushbu bitda 1 o'rnatilgan bo'lsa, oxirgi uzulish DR0 registridan nazorat nuqta natijasida ro'y beradi.

V1 – V0 singari, faqat DR1 registridan nazorat nuqta natijasida ro'y beradi.

V2 – V0 singari, faqat DR2 registridan nazorat nuqta natijasida ro'y beradi.

V3 – V0 singari, faqat DR3 registridan nazorat nuqta natijasida ro'y beradi. BD – otladka registrlarini himoyalash maqsadida ishdatiladi.

BS – eflages registrida tf=1 bo'lsa 1 ni qabul qiladi.

BT – qopqon bit ISST=1 bo'lganda 1 ni qabul qiladi.

Ushbu registrlarda qolgan bitlar nollar bilan to'ldiriladi.

DR7 – otladkani boshqarish registri deyiladi. Soprotsessor registrlari

Soprotsessor dasturiy modelida registrlarning 3 ta guruhini ko'rish mumkin:

1) soprotsessor stekini tashkil etuvchi R0...R7 nomdagi 8 ta registr. Har bir registr o'lchami 80 bitdan. Bu hol hisoblash algoritmlarini bajaruvchi qurilma uchun xarakterli hisoblanadi.

2) uchta xizmatchi registr:

SWR (status word regiter) – soprotsessor holatini ifodalovchi registr. SWR registrlarida oxirgi buyruq bajarilganda qanday cheklanish kelib chiqdi, soprotsessor stekining yuqorigi registrlari qaysiligini ko'rsatuvchi maydonlar mavjud.

CWR (control word registr) – soprotsessor ish rejimlarini boshqaradi. Ushbu registrdan maydonlarga qarab sO'nli hisoblashlar aniqligi, yaxlitlashni boshqarish, o'z ishlarini niqob qilish mumkin.

TWR (tags word registr) teg so'zlari R0..R7 registrlarining holatlarini boshqarish uchun ishlatiladi.

3) ikkita ko'rsatish registrlari:

DPR (data point regiter) ma'lumotlarni ko'rsatgich registri
IPR (instruction poin registr) buyruqlar ko'rsatiladi.

Ular buyruq adres va ular operandi adresini eslab qolish uchun xizmat qiladi. Bu ko'rsatgichlar qoidadan istiska holida bajariladigan qayta ishlash jarayonida ishlatiladi. SWR holat registrlari

Yangi registrlar turlari
80386 dan boshlab 32 razryadli protsessorlarda foydalaniladigan registrlarning bir kismi 32 razryadli bo'lgan. Lekin shunga karamay, segmnt registrlari avvalgiday 16 razryadliligicha koldi. Bundan tashkari 486 protsessorlaridan boshlab, asosan sitemaga karatilgan yangi registrlar turlari paydo bo'ladi.
Sistemali registrlar.
Sistemaga karatilgan registrlar klassifikatsiyasi:
Eflags flaglar registri;
Xotirani tashkil etish registrlari;
Boshkaruvchi registrlar; Otladka registrlari; Test registrlari.

Sistemali reigstrlar Amaliy dasturlar bajariladigan muhitni boshqarish uchun xizmat qiladi. Ko'pchilik sitemalarda Ushbu registrlarga murojjatda taqiqlanadi. Xotirani boshqarish registrlari.
I486 protsessorida 4 regsitr ma'lumotlar strukturalariga yul ko'rsatadi. Ular xotira segmentlarining tuzilishini boshkaradi. Ushbu registrlarni yuklash va saklash uchun maxsus registrlar mavjud. GDTR va IDTR regsitrlari xotiradan 6 baytli bloklarni chikaruvchi buyruqlar erdamida chakirilishi mumkin. LDTR va TR registrlari operand sifatida 16 bitlik selektor segmentidan foydalanadigan buyruqlar erdamida yuklanadi. Sungra bu registrlarning kolgan baytlari protsessor tomonidan yuklanadi. Ko'pchilik tizimlar bu registrlar yuklanishini taqiqlabi qo'yadi.
GDTR – global deskriptorlar jadvali registri. 32 bitli bazali adres va 16 bitlik segment chegarasi global deskriptorlar uchun. Segmnt deskriptori segmentning bazali adresini uzida mujassamlashtirgan.
LDTR – 32 bitlik bazali adresga ega lokal deskriptorlar jadvali registri. LDTR li segment GDT da tegishli segment deskriptorgi ega bo'ladi.
IDTR – uzilishlar deskriptorlari jadvali registri. Uzilish ro'y berganda uzilish vektori shlyuz deskriptori jadvali indeksi sifatida ko'riladi.
TR – vazifa registri, u global deskriptor jadvalidagi vazifa xolati segmentiga sqlkadan iboratdir.

FOYDALANILGAN ADABIYOTLAR RO'YXATI
1.Akhmedov, B. A., Xalmetova, M. X., Rahmonova, G. S., Khasanova, S. Kh. (2020). Cluster method for the development of creative thinking of students of higher educational institutions. Экономика и социум, 12(79), 588-591.
2.Akhmedov, B. A., Makhkamova, M. U., Aydarov, E. B., Rizayev, O. B. (2020). Trends in the use of the pedagogical

cluster to improve the quality of information technology lessons. Экономика и социум, 12(79), 802-804.

3.Akhmedov, B. A., Majidov, J. M., Narimbetova, Z. A., Kuralov, Yu. A. (2020). Active interactive and distance forms of the cluster method of learning in development of higher education. Экономика и социум, 12(79), 805-808.

4.Akhmedov, B. A., Eshnazarova, M. Yu., Rustamov, U. R., Xudoyberdiyev, R. F. (2020). Cluster method of using mobile applications in the education process. Экономика и социум, 12(79), 809-811.

5.Akhmedov, B. A., Kuchkarov, Sh. F., (2020). CLUSTER METHODS OF LEARNING ENGLISH USING INFORMATION TECHNOLOGY. SCIENTIFIC PROGRESS, 1(2), 40-43.

6.Akhmedov, B. A. (2021). DEVELOPMENT OF NETWORK SHELL FOR ORGANIZATION OF PROCESSES OF SAFE COMMUNICATION OF DATA IN PEDAGOGICAL INSTITUTIONS. SCIENTIFIC PROGRESS, 1(3), 113-117.

www.ingramcontent.com/pod-product-compliance
Lightning Source LLC
LaVergne TN
LVHW010605070526
838199LV00063BA/5075